U0507103

中华 爱国 人物故事

ZHONGHUA AIGUO RENWU GUSHI

戊戌变法思想家梁启超

门雄甲　编著

吉林人民出版社

图书在版编目(CIP)数据

戊戌变法思想家梁启超 / 门雄甲编著 . -- 长春：
吉林人民出版社, 2011.5
（中华爱国人物故事）
ISBN 978-7-206-07860-6

Ⅰ.①戊… Ⅱ.①门… Ⅲ.①梁启超（1873～1929）
-生平事迹 Ⅳ.①B259.1

中国版本图书馆 CIP 数据核字(2011)第 075746 号

戊戌变法思想家梁启超
WUXU BIANFA SIXIANGJIA LIANG QICHAO

编　　著:门雄甲
责任编辑:孙　一　赵　磊　　　封面设计:七　洱
吉林人民出版社出版 发行(长春市人民大街 7548 号　邮政编码:130022)
印　　刷:鸿鹄(唐山)印务有限公司
开　　本:670mm×950mm　　　　1/16
印　　张:8　　　　　　字　　数:70千字
标准书号:ISBN 978-7-206-07860-6
版　　次:2011年5月第1版　　　印　　次:2023年6月第4次印刷
定　　价:35.00元

如发现印装质量问题,影响阅读,请与出版社联系调换。

总　序

胡维革

　　《中华爱国人物故事》是一套故事丛书。它汇集了我国历史上80位古圣先贤、民族英雄、志士仁人、革命领袖、先进模范人物的生动感人史迹，表现了作为中华民族优秀传统的伟大的爱国主义精神。

　　爱国主义是人们对于"生于斯、长于斯、衣食于斯"的祖国的一种神圣感情，是人们对于自己民族的一种强烈的责任感和使命感，是感召和激励整个中华民族的一面永不褪色的旗帜。在漫长的历史上，爱国主义一直激励着中华儿女为祖国的独立、统一、进步和繁荣而英勇奋斗。从伟大的思想家教育家孔子到统一全国的千古一帝秦始皇，从秉笔直书著《史记》的司马

迁到鞠躬尽瘁死而后已的诸葛亮,从伟大的浪漫主义诗人李白到精忠报国的民族英雄岳飞,从七下西洋传播友谊的郑和到抗击倭寇的民族英雄戚继光,从苟利国家生死以的林则徐到为变法流血的第一人谭嗣同,从威震敌胆的抗联将军杨靖宇到人民音乐家聂耳与冼星海,从踏遍青山人未老的李四光到万婴之母林巧稚,从县委书记的好榜样焦裕禄到情系雪域献身高原的孔繁森……都表现出了强烈的爱国主义精神。正是由于热爱祖国的人们前仆后继地奋斗,国家和民族才得以生存,历经一次次历史危急关头而能转危为安,走向兴盛和富强,从而屹立于世界民族之林。爱国主义是鼓舞中华儿女历经忧患、跨越沧桑、百折不挠、自强不息的伟大力量,它贯穿于中华民族的整个历史,并有力地凝聚着五洲四海的中国人。

爱国主义是一个历史的范畴，在社会发展的不同阶段、不同时期有着不同的具体内容。革命时期，需要我们为祖国的独立自主出生入死；建设时期，需要我们为祖国的繁荣富强增砖添瓦；在全国各族人民团结一心建设富强、民主、文明、和谐的社会主义现代化国家的今天，我们要争做一名新时期的爱国者。新时期的爱国者要有强烈的民族自尊心和自豪感。民族自尊心和自豪感是任何时期任何爱国者都必须具备的情感。民族自尊心能增强我们自立向上的恒心，民族自豪感能树立我们建设祖国的信心。要树立"祖国高于一切"的崇高信念，为了祖国和人民的利益不惜抛却个人的利益，甚至不惜牺牲个人的生命。要树立终身学习的理念，拓

宽自己的知识面,广泛吸收新知识新技术,完善自身的知识结构,更新学习知识的方法与理念,从思想上、知识上充分武装自己,为祖国的繁荣昌盛贡献力量。

爱国主义思想的继承和发扬,是关系到民族盛衰、国家兴亡的根本问题。一代代人爱国主义思想情操的形成,需要不断地培养。培养爱国主义的一个重要途径是向爱国主义的英雄人物和典范事迹学习。这套丛书的出版,对于人们向英雄和先进人物学习,特别是对于在中小学生中进行爱国主义教育,将可提供一些生动的教材。祝愿此书出版发行成功,为培养"四有"新人做出贡献。

于 2011 年 4 月 23 日

世界读书日

中华爱国人物故事

编　委　会

目录
CONTENTS

目 录。
CONTENTS

岭南神童出才俊

茶坑村，旧名熊子乡，距崖山（南宋灭亡之地）七里之遥，当西江入南海交汇之冲，与许多江南小镇一样，山清水秀，人杰地灵，民居傍河而筑，宁静，祥和。唯一不同是一百多年前的这份安宁被西方人打破后，一位思想巨匠在此横空出世。

今日的茶坑村，古老而且幽僻。它很宁静，在浓雾笼罩下似乎回到了过去的桃源仙境，而在这片静谧包围中的梁启超故居就位于穿镇而过的河道旁。

梁启超故居是一座晚清时期的青砖平房，有一正厅和两厢耳房，各带阁楼，在历经百年沧桑后，更具古色古香的韵味。在其南北，又分别有文昌阁和仁堂学校，皆梁启超年少时读书的地方。而正东面则立有一梁启超铜像和一新建的介绍梁启超生平的纪念厅。时值清晨，故居寥无一人，漫步其中，跟随清晰的脚步声，超越百年岁月，在一段曲折而且动荡的历史里，品味一位旷世奇才不平凡的一生。

1873年，梁启超出生于茶坑村，从小受父母悉心教育，8岁学为文，9岁能缀千言，有"神童"之称，12岁中秀才，17岁中举人，18岁师从康有为却被南海先生"取其所挟持之数百年无用之学更端驳诘，悉举而摧陷廓清之"的气魄所震慑，"一旦尽失其故垒"。从此，梁启超决然舍弃旧学，随康有为学习经世致用之学，从渺小走向伟大，由神童走向政治活动家，走向维新变法。作为乱世中的一位文人，他似乎看到了20世纪的暖风在太

广东江门梁启超故居

梁启超

平洋吹拂，新时代的文明五光十色，却又处处显示适者生存。

刚踏入政坛的梁启超，如初升红日，啸谷乳虎，雄心勃勃。并以其自创的"平易畅达，时杂以俚语、韵语及外国语法，纵笔所至不检束"的新文体发表著述，鼓吹变法，使举国趋之，如饮甘泉。从公车上书到百日维新，鞠躬尽瘁。只可惜戊戌政变，变法失败，六君子遇害。梁启超"尽瘁国事不得志，断发胡服走扶桑"。那时他年已三十，人海奔走，岁月蹉跎，所志所事，百未一就。但他吟道："世界无穷更无尽，海天寥廓立多时。"即使避难日本，他依然看到了大海的湛蓝，始终坚持君主立宪的改良主义道路，虽然与历史潮流相悖，但他没有放弃振兴中华的远大理想，时刻关注中华民族的现实与前途。

流亡14年后，梁启超回国，继续坚持改良主义的立场，但仍然积极地反对袁世凯称帝，协助学生蔡锷发动护国战争，反对张勋复辟，更与支持帝制的康有为决裂。政治的路途的确艰辛，特别对于一位救国先驱来说，随着时代的迈进，就越发失去锐利和光芒。"五四"前后两年的欧游，也许照亮了梁启超的心影。从事政治，太累。那时候的他发现，个人是没有意义的，只是社会洪波中的一丝波光，历史潮流中的一泓流水。同样是救国图强，与其在政坛上独孤求败，倒不如为后人留下一点启示，一点指引。于是在余下的九载春秋，他潜心致力于学术、教育事业。

梁启超是中国人，是中国文人，他是动荡清末的中国文人，为中华民族的崛起奋斗终生，临终前留下了两千多万字"百科全书"式的著述，这是一份可贵的文化和思想遗产。他实现了自己的价值，却又迷惘着自己的价值；他完成了历史的使命，却又没完成自己的远大理想；他实现不了中国的腾飞，却唤醒了20世纪无数的炎黄子孙，激励他们为中华的崛起而披荆斩棘，向前迈进。

童年的梁启超是一个聪明绝顶的天才：四五岁就读完了《四书》《诗经》；6岁在父亲教导下，五经卒业；8岁，除经学外，还读《史记》《汉书》《纲鉴易知录》《古文辞类纂》等典籍；9岁，能做千言的文章；12岁，便考中首榜中秀才，被乡人称为"神童"。

一天，梁启超爬上竹梯玩耍。祖父怕他有危险，望

着梁启超急叫："快下来，快下来！会跌死你的……"梁
启超看见祖父急成那样子，竟又往上再攀一级，还冲口
念出两句："有人在平地，看我上云梯。"祖父不由开心
大笑，感到乖孙非比寻常。

　　梁启超10岁那年，跟父亲入城，夜里住在秀才李兆
镜家。李家正厅对面有个杏花园，梁启超第二天早晨起
来便走到杏花园玩耍，但见朵朵带露杏花争奇斗艳、十
分可爱，便偷偷地折下一枝，遮掩在宽阔的袖筒里。忽
然，梁启超听到脚步声由远而近，原来他的这一微妙之
举，恰恰被教子甚严的父亲和朋友的家人看在眼里。梁
启超急忙将杏花藏于袖里，但仍被父亲看见了。父亲不
好意思在朋友面前责怪儿子，便以对对联的形式来处罚

广东江门梁启超故居之仁堂

他。父亲吟上联："袖里笼花，小子暗藏春色。"梁启超仰头凝思，瞥见对面厅檐挂着的"挡煞"大镜，即念出下联："堂前悬镜，大人明察秋毫。"李兆镜拍掌叫绝，于是道："让老夫也来考一考贤侄，'推车出小陌'，怎样？"梁启超立刻对上："策马入长安。""好！好！"李兆镜连声赞。在欢悦的气氛中，父亲原谅了梁启超的过错。

梁启超的故乡新会茶坑村有座小山，叫坭子山，山上有座塔，叫坭子塔，又叫凌云塔。梁启超的老家就在坭子塔山下，童年的梁启超时常和小朋友爬上凌云塔望风景。一天，梁启超写了一首诗给祖父看。诗是这样的："朝登凌云塔，引领望四极，暮登凌云塔，天地渐昏黑。日月有晦明，四时寒暑易。为何多变幻？此理无人识。我欲问苍天，苍天长默默。我欲问孔子，孔子难解释。搔首独徘徊，此时终难得。"这就是梁启超11岁时写的《登塔》诗。

中秀才后，梁家更是对他寄予厚望，极力培养，送他到广州深造。15岁时，梁启超进入当时广东省的最高学府——学海堂学习。这一年，他还是菊坡精舍、粤秀、粤华书院的院外生，这三院与学海堂齐名。广州五大书院，他同时就读四院，精力之旺盛非常人所能比。在梁启超的身上，似乎潜藏着一股巨大的学习热情，他求知

欲、创新欲极强，学一门爱一门，一头扎进去，孜孜不倦，务求有心得、有造诣，总能学有所成。

梁启超有一次去见两广总督张之洞，投刺（投递名帖）的署款是："愈弟梁启超顿首拜"。张之洞一见名刺（名帖），大为恼火，随即出示一联："披一品衣，抱九仙骨，狂生无礼称愚弟。"梁启超见了，不加思索，立刻答对下联："行千里路，读万卷书，侠士有志傲王侯。"张之洞见了，不得不出衙门接见。

又有一次，梁启超游江夏（即武汉）时，访坐镇江夏的张之洞，晤见时，张之洞故意出一上联来刁难梁启超，联云："四水江第一，四时夏第一；先生居江夏，谁是第一？谁是第二？"（首句"江"字是长江的简称）张之洞的口气，似有江南学者非我莫属之意。梁启超当时是朱九江的得意门生，头角初露，不甘示弱，片刻想出了下联来："三教儒在前，三才人在后；小子本儒人，何敢在前？何敢在后？"这个应对，恰到妙处。似自卑为"小子"，但又自命不凡，直叫张之洞不得不为之叹服。

18岁的时候，梁启超结识了康有为，从此人生道路发生了极大的转变。二人见面之后，聊了好几个时辰，梁启超后来追忆这段往事时说，康有为以"大海潮音，作狮子吼"（佛教用来形容佛祖说法时的词语）为开端，问询梁启超。沉思过后，梁启超认识到，以前所学的不过是应付科举考试的敲门砖而已，根本不是什么学问。于是，梁启超退出学海堂，拜康有为为师。从此，梁启超在康有为的引导下，尽舍训诂之学，接受康有为的维新变法思想与政治主张，逐渐成长为康有为的左膀右臂，史称"康梁"。

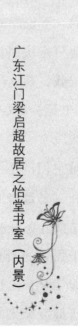

广东江门梁启超故居之怡堂书室（内景）

求知青年显英才

　　梁启超的读书轨迹是曲折而丰富的。他迈入读书园地的第一步是为科举考试而读书。读书的目的是"金榜题名"，仕宦闻达。在这段从四五岁到17岁的读书时期内，不论读的内容还是方式，都是由家长和塾师决定的。他只是按照长辈和塾师的指点，记诵苦读而已。据史料记载，在这段时期里，他最先熟读的是《四书》《五经》《史记》《汉书》《纲鉴易知录》《古文辞类纂》和唐诗、八股文。12岁考中秀才后，开始学习训诂、词章之学并对它们产生了兴趣。尤其是读到张之洞所著《輶轩语》和《书目答问》之后，眼界大开，开始知道"天地间除帖括外还有所谓学问者"，因而萌生厌弃科考念头。但由于强大的旧有势力的影响和家庭长辈的督责，他还不可能完全背离这条追求个人功名利禄的读书道路。他只能压抑着个人的兴趣爱好，继续沿着这条路艰难迈步，直到17岁考中举人。梁启超这段读书生涯除了取得"秀才"和"举人"的称号外，实际意义在于熟读了中国文化中的一些基本典籍，对中国的经、史、子、集有了一个轮廓了解，从而为一生的事业，打下了坚实的文化基础。待进入广州学海堂正式学到在当时被视为"显学"的训诂、词章之后，他已经进入了中国旧学中的殿堂。

1890年（梁启超那年18岁）是梁启超读书生涯发生根本性转折的一年。这一年他拜康有为为师，进入了康有为的万木草堂求学。在这里，他不仅读到了万木草堂

梁启超行书扇面

大量藏书，更在康有为的指导下，用全新的观点，研读了中国典籍，了解了西方的种种学说和政治、经济、军事、教育等情况，对中国历代的沿革得失、兴亡盛衰的原因及救治方略，都有了深刻了解和明确主张。加之康有为的"志于道、依于仁、据于德、游于艺"的教育思想熏陶，他确立了"经营天下"大志，决心用维新变法来挽救危在旦夕的国势，使国家走上独立富强的康庄大道。

这一时期的读书是到1894年结束的。梁氏这一时期的读书，由于得到了名师指点，所读所获更加广博、更加深入、更加全面、更加系统，他的知识结构也更趋合理、更趋进步、更趋实用。这为他踏入社会，登上政坛奠立了稳固而广博的基础。从这个角度说，这一阶段的读书，无疑是他一生事业的关键。

自1895年至1912年是梁启超步入社会后的读书时期。这个时期又可分为两个阶段，它们以1895年9月戊戌变法为界。政变前，梁启超用其所学，协助其师康有为策划、组织、领导"公车上书"，积极参与变法活动。梁氏在这段辉煌岁月里，以其十余年读书所获，发表了《变法通议》等著作，鼓吹变法维新，在社会激起了强烈反响。他也像一颗灿烂明星，辉耀于中华领空，为千百万人所识、所知、所仰望。梁氏这一阶段的读书，是紧紧围绕维新变法进行的。这时的梁氏已经把读书视作变法斗争的手段和武器，自觉地运用读书为变法斗争服务。从他这一时期的许多著作可以看出，他阅读最多的是年编撰"西书"，即西方的译著。例如他在 1896 年编撰的《西学书目表》中共搜罗到 325 种西书，他读过的即达 252 种，余下的只是些当时并不急需的医学、工政和兵制著作。这些阅读，对他的变法维新的宣传，无疑起了重要作用。寓居日本后，梁启超为血腥的政变所震撼，他沉

梁启超 1923 年作 对联题识：咏白吾兄属集陶，癸亥正月启超。

痛地回忆着变法的前前后后，思考、分析着变法失败的原因，寻觅着进一步斗争的策略。当时他认为，要想取得变法的最后胜利，必须开发民智，走"新民"的道路。因此他创办了《新民丛报》，提出了"新民"学说。而为了实现"新民"理想，他大读"西书"和"东书"（日本著作），并将读书所感、所悟、所得向国人作广泛介绍。根据记载，梁启超这一时期发表在《新民丛报》上的大量文章，主要涉及以下几个方面：一是一些国家如英、德、法、俄、日致富致强的原因，包括变法的经验、教训，以及他们的政治、经济、军事、教育建设；二是一些国家如波兰、越南、朝鲜等国故步自封、因循守旧而衰亡的原因；三是歌赞一些保卫、建设国家和革命斗争中的豪杰与英雄，如意大利的罗兰夫人、英国的克林威尔等人；四是对西方和日本的主要社会学说、哲学思想及其代表人物的推介，如孟德斯鸠、卢梭、霍布士、斯宾诺莎、培根、笛卡儿、康德等人的评述介绍，都是他广读"西书""东书"的结果。可以这样说，"新民"说的产生和提出，就是梁启超在他通过读书获得的广博知识基础上，博览"西书"和"东书"并加以融汇的结果。

梁启超一向主张读书有精读、浏览之分，有些宜精读，有些则不必精读，宜浏览。这个方法几乎贯穿在他所有的读书经验和相关介绍文章之中。他在《治国学杂

梁启超印

话》一文中说："每日所读之书，最好分两类，一类是精读的，一类是浏览的，因为我们一面要养成读书心细的习惯，一面要养成读书眼快的习惯，心不细则毫无所得，等于白读，眼不快则时候不够用，不能博搜资料。诸经、诸子、四史、《通鉴》等书，宜入精读之部，每日指定某时刻读它，读时一字不放过……另外指出一时刻，随意涉览，觉得有趣，注意细看；学得无趣，便翻次页。"

梁启超说："大抵凡一个大学者平日用功，总是有无数小册子或单纸片。读书看见一段资料，觉其有用者即刻抄下。"当然，他也承认，"这种工作，笨是笨极了，苦是苦极了，但真正做学问的人，总离不了这　条路"。

在梁启超看来，抄资料是研究发明的必要前提，正

像研究动物学或植物学的人，不采集标本怎么行呢？因此，他主张并鼓励读书时注意抄录和搜集资料，他说："发明的最初动机在注意，抄书便是促醒注意及继续保存注意的最好方法。当读一书时，忽然感觉这一段资料可注意，把它抄下，这件资料，自然有一微微的印象印入脑中，和滑眼看过不同。经过这一番后，过些时碰着第二个资料和这个有关系的，又把它抄下，那注意便加浓一度。经过几次之后，每翻一书，遇有这项资料，便活跃在纸上，不必劳神费力去找了，这是我多年经验得来的实况，诸君试拿一年工夫去试试。"

课堂教学之外，最好读点课外书。梁启超很重视学生的课外阅读。他在《治国学杂话》的开篇中说："学生做课外学问是最必要的，若只求讲堂上功课及格，便算完事，那么你进学校，只是求文凭，并不是求学问，你的人格，先已不可问了。"当然，他也承认，课外学问，不一定专指读书，如试验、观察自然等事，都是极好的方法，"但读课外书，最少要算课外学问的主要部分"。

梁启超认为，"读书自然不限于读中国书，但中国人对于中国书，最少也该和外国书作平等待遇，你这样待遇它，它给回你的愉快报酬，最少也和读外国书所得的有同等分量"。

　　梁启超精于学术研究，涉猎广泛，学贯中西，囊括古今，在哲学、文学、史学、经学、法学、伦理学、宗教学等领域，均有建树，以史学研究成绩最著。

　　1901—1902 年，梁启超先后撰写了《中国史叙论》和《新史学》，批判封建史学，发动"史学革命"。

　　欧游归来之后，梁启超以主要精力从事文化教育和学术研究活动，研究重点为先秦诸子、清代学术、史学和佛学。1922 年起梁启超在清华学校兼课，1925 年应聘任清华国学研究院导师，指导范围为"诸子""中国佛学史""宋元明学术史""清代学术史""中国文学""中国哲学史""中国史""史学研究法""儒家哲学""东西交

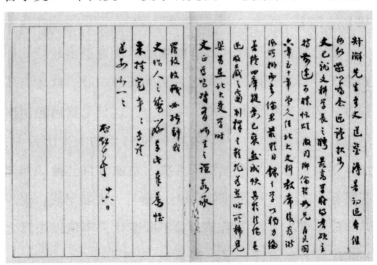

梁启超信札

流史"等科目。这期间梁启超著有《清代学术概论》《墨子学案》《中国历史研究法》《中国近三百年学术史》《情圣杜甫》《屈原研究》《先秦政治思想史》《中国文化史》等巨著。

1928年9月，梁启超着手编写《辛稼轩年谱》，此时离他人生最后一站不足4个月。在与病痛斗争中，梁启超始终坚持写作，直至最终无法提笔。

梁启超之所以编写《辛稼轩年谱》，或许是因为两人有着相同的人生境遇。在流亡海外13年之后，梁启超回到故土，试图在政坛上大展拳脚，无奈屡屡受挫。无论是袁世凯，还是段祺瑞，都只是利用他，而拒绝他的改革主张。

梁启超看透了这些政客的嘴脸，决意退出政坛，回到书斋，从此开始用西学之方法来整理国故，这才有了编写《辛稼轩年谱》之举。实际上，这只是梁启超历次思想转变中的最后一变。在梁启超57年的人生历程中，这样重大的思想转变至少有5次。诚如他自己曾谈到他跟康有为之间的差别时所说的："康有为大器早成，观点是一成不变的，而梁启超却是不断变化，不惜以今日之我非昨日之我。"

梁启超一生著述宏富，有多种作品集行世，以1936年9月11日出版的《饮冰室合集》较称完备。《饮冰室合集》计148卷，1000余万字。

梁启超在文学理论上引进了西方文化及文学新观念，首倡近代各种文体的革新。文学创作上亦有多方面成就：散文、诗歌、小说、戏曲及翻译文学方面均有作品行世，尤以散文影响最大。

梁启超的一生，是在紧张的读书中度过的。读书一面给他以精神的满足，一面又激起他更强—追烈的读书欲求。就在这种不断的精神满足——求更大的精神满足中，他的知识不断地积聚、更新、创造着，他的为人也在人生台阶上不断攀登，不断地被塑造着、改变着。综其一生可以看到，读书先使梁启超掌握了帖括之学，成了秀才和举人；读书又使他学得了训诂、词章以及康有为的"新学"，使他站到了当时中国学术的最前沿，成了立志经营天下的变法志士和维新运动的领袖。

梁启超印

维新变法倡导者

　　在变法维新的活动中，康有为最得力的助手是他的学生梁启超。人们在谈到戊戌变法时，往往把大力鼓吹维新的梁启超的名字和康有为的名字并提，称之为"康梁变法"。由此可见梁启超在戊戌变法中的重要地位。

康有为

　　18岁那年，梁启超去北京会试落选，回来路过上海，在书店里买到一本名为《瀛环志略》的书。这本书的内容是讲世界地理的。他读了以后，眼界大开。书中介绍的世界各国的情况虽然还很简单，却是他从来不知道的。这使他感到，原来以为自己学问已经很好，满腹经纶，可是世界之大，自己不知道的东西太多了，要学的东西还多着呢。

在书店里，梁启超还翻阅了上海制造局翻译的一些介绍西方文化的书籍。他虽然没有钱把这些书都买下来一一研读，可是这次初步接触了介绍西方世界的书，已使他对西方的新知识发生了浓厚的兴趣。

《瀛环志略》

回到广州后，梁启超又在学海堂里学习。这年秋天，康有为从北京回到广州。康有为在北京写过《上皇帝书》，虽然此书被扣押了没有送达到清廷的权力中心，但在北京知识界中已出了名。梁启超在北京时就已知道康有为上书皇帝的事，现在听说他也回到广州，很想结识结识。于是通过学海堂一个同学的介绍，找到康有为讨论学问。

梁启超对自己所学到的旧知识是很自信的。虽然西方世界那套新知识他知道得不多，可是对于中国传统的学问，自认为很有根底。因此在和康有为交谈时，滔滔不绝地谈起训诂学来。梁启超以为，康有为即使不佩服

自己，总也得承认自己根底不薄。不料，康有为的话完全出乎他意料之外。康有为一句称赞他的话也没有，反而说他学的全是些陈腐没用的旧东西。梁启超觉得当头给浇了一盆冰水，当头挨了一棒，心中不服，竭力辩解。可是，康有为比他更健谈，滔滔不绝地说明这套旧东西没有用的道理。梁启超越听越觉得康有为思想深刻，见解独到，所说的都是自己过去想也没有想过的，不禁为之折服。

这天，两人越谈越投机，时间也就不知不觉地溜过去。从早上七八点钟一直谈到晚上九十点钟，还没有结束。因为时间太晚了，梁启超只得告辞。这一夜，梁启超通宵没有睡着。他把康有为的话想了又想，觉得极有道理。第二天，他又去见康有为。这次见面后，他不像昨天开始时那样侃侃而谈了，而是虚心地向康有为表示，决心抛弃过去所学的那些无用的学问，拜康有为做老师，重新学起。

这对于一直一帆风顺而自信的梁启超来说，可不是一件容易的事。但是，他终于跨出了这重要的一步。从此，他退出学海堂，跟康有为研究中国几千年来的学术根源和历代政治的沿革。

1891年，康有为在广州设立万木草堂，进行变法思想的讲学。梁启超在这里学了3年，接受了康有为的变

万木草堂

法思想，还帮助康有为写了《新学伪经考》和《孔子改
制考》这两部著作。

1895年4月，22岁的梁启超和37岁的康有为一起，
再次在北京应试。当时清政府正和日本谈判卖国的《马
关条约》，康有为决心再次上书皇帝，他想趁广东省举人
聚集北京时，联络更多的人一起上书。这个联络任务由

梁启超担当起来。在他的鼓舞下，190名广东省的举人一起上书皇帝，要求拒绝签订卖国条约。湖南省的举人知道后，也参加了进来。

康有为见其他省的举人也有这个志向，便要梁启超再去联络各省举人。梁启超很快奔走联络了各省1000多名举人，集会决定上书皇帝，要求变法自强，并推举康有为起草。康有为起草好奏稿后，又由梁启超抄送各省举人传阅。这次上书虽然仍没有送到光绪皇帝手里，但1000多名举人联名上书，造成了广泛的舆论，使变法运动的声势壮大了起来。

这年8月，康有为和文廷式在北京组织了强学会。这个学会的主要任务是翻译和印刷外国的书籍，发行报

北京强学会遗址

《中外纪闻》

纸，办图书馆、博物院。梁启超担任了学会的书记员。强学会出版的刊物《中外纪闻》，每2天发行1期，梁启超担任这个刊物的编辑。刊物每期往往只有一篇文章，经常由梁启超执笔撰写。他利用写文章制造舆论，积极推动变法运动。

这个刊物随着政府的公报，每天送给清政府的大官。梁启超的文章因此而每天被这些大官读到。他介绍的外国情况和主张的改良主义思想，影响了一部分官员。1896年1月，清政府下令封闭强学会，《中外纪闻》也被迫停刊。

梁启超失去了一个写文章的阵地。但是，几个月来，

公车上书发起人之一康有为

他写的文章文笔流畅，论理有力，已经出了名。所以，《中外纪闻》停刊后，在上海的强学会会员黄遵宪等人请梁启超到上海去，担任他们创办的《时务报》的主笔。梁启超赶到上海后，经过8个月的筹备，终于创刊了《时务报》。

这个刊物每10天出版1册。因为出刊的间隔时间长，使梁启超有充裕的时间，写出更有说服力的文章来。他认真思考，埋头写作，在《时务报》上先后发表了《变法通议》《论报馆有益于国事》《古议院考》《论中国积弱由于防弊》《论君政民政相嬗之理》等文章。他在文章中有力地批驳了封建保守思想，系统地宣传了变法思想，是对变法维新的重要贡献，在当时的知识分子中产生了很大的影响。

在《变法通议》这篇文章中，梁启超宣传了"法者天下之公器，变者天下之公理"的观点，认为中国封建制度必须改变。当时，保守的清王朝一直宣称，祖宗制定的法是不可以改变的。梁启超在文章中反驳说，当今的清政府自己也在不断改变法制，因此祖宗制定的法不是不可变的。他还认为，"变亦变，不变亦变"。如果清政府不主动变法，国家就会遭到外国的瓜分，这样就不堪设想了。

在其他一些文章中，梁启超发挥了民权思想。他认为，民主政治是人类历史上的新事物，它在中国一定要实现。根据西方国家的民权理论，他提出了人有自主之权。一个人只要为国家尽了义务，就应该得到权利。民权是否能保证，是一个国家能否兴旺发达的关键。因为只有有了民权，才能够"合千百万人为一人为一心"，国家才能强盛起来。因此，政府不应该以"防弊"的理由，干涉个人的自由和权利。

在提倡民权的同时，梁启超又批判了封建专制政体。他在文章中说，国家政权应该是国民公共的财产，而不应该是皇帝、宰相的财产。所以历史上实行专制、压制民权的帝王都是"民贼"。在封建专制政权下，在封

公车上书发起人之一梁启超

建思想控制下，梁启超能写出这样的反封建的文章来，是十分了不起的。这些文章，确实起了打击封建专制统治、传播资产阶级民主主义的作用，积极地推动了变法运动。

梁启超的文章思想新颖，能给人启发，而且写得很有说服力，文采也极好，所以当时的知识分子都很爱看。《时务报》发行的数量，很快达到一万多份，成了当时中国报刊中发行量最大的一份刊物。由此也可以看出，梁启超文章的影响之大。

梁启超在上海除了主编《时务报》外，还编了一套介绍西方国家政治经济理论的书籍，叫《西政丛书》。此后，梁启超又和康有为的弟弟一起，创办了大同译书局，出版了许多宣传改良主义的书籍。康有为的《孔子改制考》，就是这个译书局出版的。梁启超还和别的改良主义人士发起成立不缠足

《时务报》

会，创办女学堂，为妇女解放做了不少开创性的工作。

梁启超的文章和活动，积极地推动了上海的变法运动，使上海成了全国改良主义活动的中心。原来支持改良派的两江总督张之洞，害怕这种生气勃勃的景象继续发展下去。他尤其不能容忍梁启超宣传的民权学说，所以转而反对变法维新，要《时务报》经理汪康年对梁启超的文章进行干涉。汪康年本来就是张之洞的幕僚，只能听从张之洞的指示。梁启超觉得自己的思想不能表达，无法忍受，于1897年冬脱离了《时务报》，到长沙去了。

梁启超去长沙是有原因的。当时湖南巡抚陈宝箴倾向维新，请梁启超到上海办《时务报》的黄遵宪，也在湖南当按察使（司法长官）。黄遵宪依靠一批进步的青年知识分子，已经实行了一系列的政治改革措施。这些青年知识分子的带头人，名叫谭嗣同。梁启超来到湖南后，谭嗣同等人十分高兴，请他担任长沙时务学堂的中文总教习。

梁启超上任后，拟定了"学约"10章，目的是使学生既能学到古今中外的广博知识，又能具备变法维新的坚强意志。他除了白天讲课4小时外，晚上还要批改学生的作业。

除了在时务学堂教课外，梁启超还参加了湖南改良主义团体南学会的活动。当知道陈宝箴在积极进行改革时，便上书向他提出了"兴民权"的建议。这个建议是根据他在上海宣传的民权学说提出的。其中写道，兴民权是世界大势所趋，只要能兴民权，国家就决不会灭亡。

但是，湖南不仅改良主义者活跃，封建势力也十分强大。保守派对梁启超的活动十分痛恨，到处张贴传单，散布流言蜚语，污蔑梁启超宣传的是不要皇帝、不要父亲的"邪说"，是要把学生引入歧途，成为"乱党"。这些保守派很有势力，连陈宝箴也不敢得罪他们。几个月后，时务学堂在保守派的攻击下被迫停办。梁启超不仅兴民权的建议不能实施，活动也很难进一步开展。在长沙逗留了一年后，他又回到了上海。

在梁启超回到上海前不久，康有为因德国强占中国胶州湾赶到北京，又上书清朝皇帝请求变法，并且联络在京的各省人士，准备组织学会，以推动变法。梁启超到上海得到这个消息后，立即来到北京与康有为会合。

梁启超一到北京，就协助康有为联络有改良主义思想的一些官员，组织了一个保国会。保国会的政治倾向比过去的强学会要明显，在一些省，甚至府、县也设立了分会。此外还有一套组织章程，规定了总会和分会的权限、发展会员的办法和会员的权利。因此，保国会已经带有政党的性质。

正因为保国会具有政党的性质，清政府不能容忍。

它只开了3次会，就在清政府的压力下无形解散了。

但是，康有为的上书得到光绪皇帝的赞赏。1898年6月11日，光绪帝下了"明定国是"的诏书，决心变法。光绪皇帝召见了康有为和梁启超，直接听取他们的意见，下了许多道变法的命令。那些参加过保国会的官员，这时也都积极行动起来。光绪皇帝还特地派梁启超负责办理大学堂和译书局的工作。梁启超为维新变法作出了最大的努力。

但是，光绪皇帝并无实权，康有为、梁启超和那些赞成变法的官员也都职位低、权力小。清政府中的保守势力，不仅都是有实权的大官，而且有慈禧太后作为后盾。所以，变法

康有为撰《孔子改制考》（21卷）

由上至下：光绪皇帝、翁同龢、康有为与梁启超。

进行了100天，慈禧太后就发动政变，囚禁了光绪皇帝，抓了许多改良派成员。康有为得到消息后离开北京，途经香港、去往日本避难。梁启超也由日本驻华公使林权助用专车送到塘沽，再乘日本兵舰到达东京。

虽然变法运动失败了，但是梁启超在后来袁世凯背叛民国、宣布实行帝制时，积极参加了反袁斗争，动员他的学生蔡锷到云南去发动反袁斗争。

此后，梁启超便集中精力从事学术和文学活动。他的这些活动，对打击封建的旧史学和推动口语化的近代文体，起了很大的促进作用。

启蒙思想大师

变法之前，梁启超的主要见解皆来自康有为，梁启超用他那充满感情的笔，阐发康有为广杂、高深的思想，从而使"君主立宪"深入人心。变法失败后，梁启超亡命日本，思想开始倾向于革命。

这段时间，他与同在日本的孙中山、陈少白等革命党人的来往开始密切，有时甚至在三更半夜还拥被长谈，结果便有了合作组党的计划。为实现这一计划，梁启超甚至召集其他同学，联名致函康有为，劝其退休。康有为得知梁启超倾向革命的思想之后，非常生气，立即严令其离开日本，到檀香山办理保皇会事宜，并斥责其倡导革命的错误。由于多年来，梁启超已养成了对康有为的敬意和畏惧，他只得答应悔改，谨遵师命。但在内心深处，梁启超并未抑制住对革命的信仰。

正当梁启超徘徊在改良和革命之间的时候，他的思想又开始发生转变。戊戌变法的悲惨结局和对西方启蒙思想家的深入研究，让梁启超更加深刻地认识到：徒变枝叶不变本原是万万不行的，而"民德、民智、民力，实为政治、学术、技艺之大原"。政治制度只是枝叶，其背后实际有一种更广的文化支持，具体表现为国民素质或曰"国民性"。因此，他提出要改造"国民性"，造就"新民"，并以"中国之新民"作为自己的笔名，创办了《新民丛报》。

在《新民丛报》上，梁启超发表了约11万字的总题为《新民说》的系列文章，连载4年。该报发行量最高达14000份，且每册一出版，内地就有人一再翻印。据估计，大概每册要经过20人的阅读。自此，梁氏的思想开始由"政治"转向"启蒙"，一跃而成为近代中国最重要的启蒙思想家。

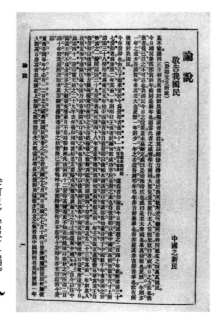

《新民丛报汇编》

梁启超在《自励》诗中称言要"誓以民权移旧俗"，可见这是他人生主要奋斗目标之一。自戊戌变法失败之后，

康有为、梁启超 1898 年作行书横披（手卷）

他开始认识到改造中国，要从教育人民做起，从改造中国人的国民性做起，要改造奴性、奸俗、为我、怯弱、无动等心理和行为习惯，反对浑沌派、为我派、呜呼派、笑骂派、暴弃派、待时派等"无血性""放弃责任"的旁观派，提倡新道德、新理想、新观念。1902年2月他创办《新民丛报》就是为了倡导新民说。他称办报宗旨是："取大学新民之义，以为欲维新吾国，当先维新吾民。中国所以不振，由于国民公德缺乏，智慧不开，故本报专对此病而药治之。务采合中西道德为德育之方针，广罗政学理论以智育之本原"。为此目的，他这时也改用笔名

"中国之新民"发表文章。除此前发表的《爱国论》《中国积弱溯源论》《过渡时代论》《少年中国说》等名噪一时的文章外，他还在《新民丛报》上连载他的系列文章《新民说》，共约11万字，被当时学术界公认为中国启蒙思想的代表作。胡适在《四十年自述》中说："《新民说》诸篇给我开辟了一个新世界，使我彻底相信中国之外还有很高等的民族，很高等的文化。"鲁迅说他写小说是为了"拯救国民的灵魂"，"改造国民劣根性"的说法，实则与梁启超的《新民说》相通。何干之在《中国启蒙运动史》中认为：《新民说》是"第三等级的人权宣言书"，在当时"最有价值，影响最大"。

值得注意的是，梁启超倡导的《新民说》正如他自己所言，是"采合中西道德"，"广罗政学理论"而提出来的，其实更为主要的是汲取西方资产阶级文化而来。所以，他也在推广此说的同时，大量引进推介西方文化，

《民报》

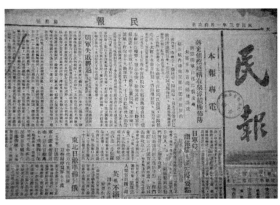

《民报》

或著述，或译载，在报刊和出版物上纷纷呈现。如：《国家思想变迁异同论》《卢梭学案》《霍布士学案》《亚里斯多德的政治学说》《进化论革命者颉德》《乐利主义泰斗边沁之学说》《法理学大家孟德斯鸠之学说》《天演学初祖达尔文之学说及其传略》等著作，乍看题目即知是系列引进西方文化，大力普及文化科学知识，提高国民的素养和素质。这些做法与《新民说》的倡导异曲同工，都是国民性革命所必须，都是开创性、开拓性的。这些作为，是梁启超革命精神的体现，也是珠江文化的海洋性、开放性、包容性、共时性特质在梁启超身上的体现。

诚如许纪霖所说："中国的启蒙，非自'五四'起，实乃从《新民说》而始。'五四'的启蒙思想家们，无论是胡适、鲁迅，还是陈独秀、李大钊，都在青年时代都接受过《新民说》的思想洗礼……《新民说》可以说是中国启蒙思想的处女地。"

梁启超被誉为"言论界的骄子",他手里握着那个时代最富有魅力的笔,在历史的转折点,以如火的激情,点燃了一代仁人志士心中的明灯,也由此开启了中华民族的未来。

当梁启超在日本大力倡导改造"国民性"的时候,在中国国内,越来越多的人开始把希望转而寄托于革命,而此时梁启超的政治立场却从激进主义变为保守主义。为此,维新派和革命派在《新民丛报》和《民报》展开了大辩论,梁启超被革命派驳得理屈词穷。从此,他把主要的精力转入"开明专制"的研究和实践中。

梁启超之所以不赞同革命、共和,而主张改良、立宪,跟他所倡导的新民思想有着天然的联系。他认为,在中国这样一个"专制的国家",革命的结果只会造成徒具共和形式的民主专制国家。因为,在"民智低下"、民众自治自理能力缺乏锻炼的国家,共和会成为一纸空文,仍由强权人物实行君主之实,民众则俯首帖耳甘为奴隶。1917年11月,段祺瑞内阁倒台,梁启超的政治迷梦最终破灭。

"开明专制"的理想破灭后,梁启超决意退出政坛,潜心研究学问,以西学的方法研究中学,他回归了书斋,回归了国学,立志通过国学的研究和传播,在社会上造成一种"不逐时流的新人",在学术界上造成一种"适应新潮的国学"。具体的方法就是重新提起对传统文化的信心，批判地总结中国古代文化遗产，以西方的方法进行研究，中西结合，"以构成一种不中不西非中非西之新学派"。

这一时期的学术研究，梁启超是从"整理国故"开始的。从欧洲回来之后，他就与胡适等人一起积极参与了整理国故的运动，并成为国粹主义史学派的中坚。梁启超认为："史学为国学最重要部分。"所以他的国学研究，也以史学为第一重头戏。梁启超先后撰写了《清代学术概论》《中国历史研究法》及其补编《先秦政治思想史》《中国近三百年学术史》等皇皇专著。

梁启超从当年的拥护光绪帝，到后来的反对宣统帝、

梁启超撰《中国历史研究法》和《中国历史研究法补编》

梁启超、章太炎编辑的《中国学术论著集要》

对帝制的认识，体现了梁启超思想的不断创新。

梁启超在中国文化史上的创新力，无疑是最出色的思想家之一，1901—1902年，先后撰写了《中国史叙论》和《新史学》，批判封建史学，发动"史学革命"。梁启超的历史学创新，为中国现代历史学奠定了基础。

在思想方面，梁启超早年追随康有为，是不折不扣的改良派、君主立宪主义者，他反对革命、主张改良帝制。但是，梁启超的思想随着时代的进步而改变，直到袁世凯称帝，梁启超依然撰文激烈批判，彻底否定帝制，拥护共和。到了张勋复辟，老师康有为拥护张勋，迎宣统溥仪复辟，到了这个时候，为了共和体制，梁启超又不惜和老师康有为决裂，坚决反对帝制复辟。因此，无论是学术上，还是个人思想上，创新性始终是梁启超最大的特点。

梁启超重化合，创新变，但梁启超最在乎的，就是

"扬个性"。梁启超的文章自成一体，是最大的个性体现。比如，梁启超写道"电灯灭，瓦斯竭，船坞停，铁矿彻，电线斫，铁道掘，军厂焚，报馆歇，匕首现，炸弹裂，君后逃，辇毂塞，警察骚，兵士集，日无光，野盈血，飞电刿目，全球挢舌，于戏，俄罗斯革命！于戏，全地球唯一之专制国遂不免于大革命！"（《俄罗斯革命之影响》1905 年）梁启超的文章简单明了、气势如虹、朗朗上口，如排山倒海、如山崩地裂，充满着个性语言。所以，胡适说梁启超的文章"使读者不能不跟着他走，不能不跟着他想"！

梁启超给那个时代的中国带来一股清新的思想源泉。作为启蒙运动的先驱者之一，他把国民性教育视为民族振兴的基础工作，对国人在民族危亡之际表现出的麻木、愚昧，给予猛烈的抨击。

诗人黄遵宪曾

对梁启超的文字做了这样的评价："惊心动魄，一字千金，人人笔中所无，却为人人意中所有，虽铁石人亦应感动，从古至今文字之力之大，无过于此者矣。"的确，就是凭借优美的文笔和对中国社会的深刻洞察，再加上梁启超天生具有宣传家的素质，使他在中国舆论界"执牛耳"。

梁启超是一位开风气之先的人物。他的这些思想，通过他的激扬流畅的文笔，影响了一代甚至几代青年，有力地推动了中国的发展和进步。20世纪早期，胡适自称"受了梁先生无穷的恩惠"，思想上"不能不跟他走"；郭沫若认为青年学生没有人不"受过他的思想或文字的洗礼"，并称他为新史学的"开山"；鲁迅弃医从文、推动改造国民性，可以说直接来源于"新民说"。至今，中国学术界关于梁启超的著述仍然方兴未艾，正好印证了梁启超的精神与思想的恒久魅力。

梁启超是近代中国最著名的启蒙宣传家，他所广泛介绍的崭新的人生观、历史观、文艺观对包括鲁迅、郭沫若等在内的一代思想家、革命家、文学家产生了深刻的影响。

学术成就集大成者

梁启超对历史的研究著述甚丰，影响也很大，是当时倡导"为史界开辟一新天地"的第一人。他从创办《新民丛报》创刊号开始，即连载他的倡导史学界革命代表作《新史学》（1902年作）一文。他在文中指出：史学是"国民之明镜"，"爱国心之源泉"，是学问中最博大、最切要者，与国家民族发达密切相关。但以往史学是"帝王中心论"，"皆为朝廷上之君若臣而作，曾无有一书为国民而作"，将数千年中国历史写成帝王"二十四姓之家谱"，无休止地进行所谓"正统"与"闰统"之争，所谓"春秋笔法"同样是谄媚王霸者而无关于人群之进化。他提倡的新史学，是以"叙述人群进化之现象，而求得其公理公例"（法则、规律）为宗旨，"使后人循其理、率其例以增幸福无疆"。他不仅提出理论主张，而且身体力行，撰写了多种专题史和人物传记，如：《先秦政治思

想史》《中国近三百年学术史》《中国专制政治进化史论》《中国法理学发达史论》《中国国债史》，以及《郑和传》《管子传》等等，直到最后重病期间，仍在编《辛稼轩年谱》到辞世。此外，尚编有《雅典小史》《斯巴达小志》《波兰灭亡记》《朝鲜亡国史略》《越南亡国史略》等外国史。这些中外史著，每一部都对当时的中国有重要的现实意义。

值得注意的是，梁启超一直对历史研究法特别关注：1921年，他将在南开大学的讲稿《中国历史研究法》出版单行本，达十万余言，影响很大；1923年，他又发表《研究文化史的几个重要问题》；1926年、1927年，他又写了一部十万余言的《中国历史研究法补篇》，可谓对史学方法论研究孜孜不倦。他在《自序》中称：孔子曰

梁启超江门故居的塑像

"工欲善其事，必先利其器"。他即是"用此方法以创造一新史"，并且认为"我国史界浩如烟海之资料，苟无法整理之耶，则诚如一堆瓦砾，只觉其可厌，苟有法以整理之耶，则如在矿之金，采之不竭"。可见他对历史研究方法的重视是很有道理的，他自己也是身体力行的。梁启超的史学界革命理论和实践，充分体现了他的开拓进取、务实致用、讲求实效的精神，而这，又正是珠江文化创新性、务实性、实用性特质的典型体现。

梁启超在文学领域，也是"五四"新文学运动前奏的举旗人物。他倡导的新文体，既是舆论界革命的一面旗帜，也是文学界革命的一面旗帜。他的《少年中国说》，既是学术论文，又是理严辞美的散文；他声讨袁世凯的檄文《异哉！所谓国体问题者》，既是义正词严的政论，又是情文并茂的散文；他的《欧游心影录》，既是边记边议的记者手记，又是情景交融的优美散文。他早在1899年即提出"文界革命"的口号。这口号的主要内容之一，就是倡导新文体。从文学上而言，梁启超倡导的新文体，实际上是文言文与白话文的结合体，是从文言文到白话文之过渡形式。他在当时之所以还不能完全用白话文，乃在于社会的条件尚未成熟，正如他所言那样："我不敢说白话永远不能应用最精良的技术，恐怕要等到国语经几番改良蜕变以后，若专从现行通俗底下讨生活，

梁启超故居纪念馆

其实有点不够。"可见他倡导的新文体似有"白话不够文言补"的意思。这在当时来说，乃不得已的开创行为。被称为白话文开创人的胡适曾说：严复用文言译书"当时自然不能用白话，若用白话，当时自然没有人读了。八股的文章更不适用。所以严复译书的文体，是当时不得已的办法"。梁启超的新文体也在于此。我们应当否认其历史局限下的创造功绩。陈独秀在《答——讨论科学与人生观》一文中说："常有人说适之白话文的局面是胡适之、陈独秀一班人闹出来的，其实这是我们的不虞之誉。中国近来产业发达，人口集中，白话文完全是这个需要而发生而存在的。适之等若在30年前提倡白话文，只要章行严一篇文章便驳得烟消灰灭。"章行严即章士钊，在当时任教育总长，公开反对白话文，坚持用文言文。值得注意的是，自"五四"运动以后，梁启超所写文章全都用白话文了。可见他当时倡导新文体和接着用白话文都是与时俱进的，由此可见他倡导和实践的文学界革命，也是珠江文化开创性、现实性、共时性的突出体现。

小说界革命，是梁启超倡导文学革命的又一旗号。1902年他在日本撰写的《论小说与群治的关系》可说是这旗号的纲领。此文开篇即称："欲新一国之民，不可不新一国之小说。欲新道德，必新小说；欲新宗教，必新小说；欲新政治，必新小说；欲新风俗，必新小悦；欲新学艺，必新小说；乃至欲新人心，欲新人格，必新小说。何以故？小说有不可思议之力支配人道故。"他如此

广东江门梁启超故居之怡堂书室（内景）

强调小说之功能虽有些过分，但在当时是很有革命意义
的。首先是在中国封建传统中历来轻视小说，忽视小说
的社会作用。他认为小说有"薰""浸""刺""提"四种
力。"文家能得其一，即为文豪，能兼其四，则为文圣。
有此四力而用于善，则可以福亿兆人；有此四力而用之
于恶，则可以毒万千载"。他在《译印政治小说序》中还
认为"美德英法奥意日本各国政界之日进，则政治小说
为功最高焉"，"日本之变法，赖俚歌与小说之力"。正因
如此，1902年，他在刚创办的《新民丛报》第2号特辟
《小说》专栏，长年连载新的小说作品，同年冬又创办中
国第一家《新小说》杂志，连篇推出大量小说作品。由
于梁启超在理论上的大力鼓吹，实践上又大力扶持小说
创作和翻译小说，使得当时文坛形成了写小说、译小说、
读小说、办小说报刊的热潮，涌现了一大批小说作品和
小说作家，一改历代轻视小说之偏见，形成了一代小说
之风。正如当时的小说家吴趼人（又名我佛山人，乃
《二十年目睹之怪现状》作者）在《月月小说发刊词》中
所言："吾感乎饮冰子《小说与群治之关系》之说出，提
倡改良小说，不数年而吾国之新著新译之小说，几于汗
万牛、充万栋，犹复日出不已，而未有穷期也"。可见梁
启超倡导小说革命的影响之大。从此也可见梁启超在这
旗号下发挥珠江文化海洋性、开创性、大众性特质的威

力。

梁启超还于1895年开始倡导诗界革命。这是他在北京菜市口附近住地与夏曾佑、谭嗣同聚会时提出来的。在此之前，当时著名诗人黄遵宪发表过不少有影响的新诗作，也言及他是写新派诗，但真正成熟并形成理论，则在梁启超于《新民丛报》连续发表《饮冰室诗话》之时。梁启超提出："欲为诗界之哥伦布、玛赛郎，不可不备三长：第一要新意境，第二要新语句，而又须以古人之风格入之，然后成其为诗"。他还认为，"近世诗人，能镕铸新思想以入旧风格者，当推黄公度（即黄遵宪）"，又说，"公度之诗，独辟境界，卓然自立于20世纪诗界中，当推为大家"。可见他提倡的诗界革命，是以

梁启超故居展示的《资治通鉴》

"新意境""新境界""新语句""旧风格"为标准、以黄遵宪的新派诗为典范的。此外，他还极力倡导军歌、新粤讴、能歌之诗和乐学。他在《新民丛报》特辟专栏发表黄遵宪的《军歌二十四章》，并作出高度评价，指出"吾中国向无军歌，其有一二，若杜工部之前后出塞，盖不多见，然于发扬蹈厉之气尤缺，此非从祖国文学之缺

梁启超故居之仁堂

点，抑亦国运升沉所关也"。新粤讴是借用广东地方曲艺之一粤讴的形式填写新词，梁启超是广东人，自然熟悉这种民间文艺形式，他在《新小说》特辟专栏发表署名"外江佬戏作"的新粤讴作品，并作介绍："乡人有自号珠海梦余生者，热诚爱国之士也，游宦美洲，今不欲著其名。顷仿粤讴格调，成《新解心》数十章……皆绝世妙文，视子庸原作有过之无不及，实文界革命一骁将也。"当时较有影响的作品：《唔发好梦》《趁早乘机》《呆佬祝寿》《珠江月》等著作，看题目即知是粤语文学，是通俗化的诗。显然，梁启超是借此以地方民间歌谣促进诗界革命。他还认为："诗为声也，不为文也。……凡律其辞则谓之诗，声其诗则谓之歌，诗未有不歌者也。"他为黄遵宪的《出军歌》《幼稚园上学歌》《学校歌》等能歌之诗"拍案叫绝"，称其为"中国文学复兴之先河也"。这些倡导，使得当时中国诗坛增添了生机，为"五四"的新诗运动开了先河。从梁启超在诗界革命中的理论与实践上看，也可见其具有珠江文化开创性、平民性、竞争性的文化底蕴。

梁启超在戏剧领域也进行了革命，主要表现在三个方面：一是肯定了戏曲在文学上的应有地位。戏曲与小说一样属通俗文学，在中国文学传统中的地位是低下的。梁启超在《小说丛话》中指出："文学之进化有一大关

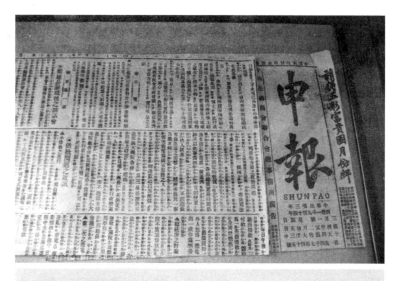

梁启超故居展示的《申报》

键，即由古语之文学变为俗语之文学是也。各国文学史之开展，靡不循此轨道。"由此，他反驳了认为宋元以降为中国文学退化的说法，认为俗语文学大发达"实为祖国文学之大进化"。他极其欣赏《西厢记》《牡丹亭》《桃花扇》等戏曲作品，并以新观点予以评介；他还认为戏曲这种艺术有四长："唱歌与科白相间，甲所不能尽者以乙补之，乙所不能传者以甲描之，可以淋漓尽致，其长一也。寻常之诗，只能写一人之意境……曲本内容主伴可多至十数人或数十人，各尽其情，其二也。每诗自数折至数十折，每折自数调乃至数十……惟作者所欲，极自由之乐，其长三也。……曲本则稍解音律者可任意缀合诸调，别为新调，……其长四也。"这些做法和看法，从理论上总结和提高了戏曲的长处和价值，是有革命性的。其次，他以推介西方戏剧艺术，推动社会和文学发展。他说："欧美学校，常有于休业时学生会演杂剧者。盖戏曲为优美文学之一种，上流社会喜为之，不以为贱也。"他极力推介莎士比亚、伏尔泰等的名作。特别值得称道的是，他自己进行戏曲剧本创作，先后写了《劫灰梦传奇》《新罗马传奇》《班定远传奇》，以及未完稿的《木兰从军传奇》。《班定远传奇》是以粤剧的形式写西汉时班超征西域的故事，这是梁启超为日本横滨大同学校音乐会而作的，发表时题名为"通俗精神教育新剧本"，并在"例言"中称："此剧主意在提倡尚武精神，而所尤重者在对外之名誉"。由此可见梁启超的剧作，既是为宣传革命之戏剧，也是进行文学革命之戏剧。他在戏剧领域，推崇通俗戏曲，推介西方戏剧，尤其是进行粤剧创作，更充分地体现了他身上具有并发扬珠江文化海洋性、大众性、实用性的潜质。

1917年初，"五四"新文学运动倡导人之一钱玄同在与陈独秀信件中指出："梁任公先生实为近来创造新文学之一人。虽其政治诸作，因时变迁，不能得国人全体之赞同，即其文章，亦未能尽脱帖括蹊径，然输入日本文之句法，以新名词及俗语入文，视戏曲小说与论证之文

平等，此皆其识过人处。鄙意论现代文学之革新，必数及梁先生。"郑振铎在1929年《小说月报》20卷2号发表《梁任公先生》一文，充分肯定梁启超的文学革命功绩，称赞他"始终是一位脚力轻健、始终能随时代而走的"人物。这些评价，更能说明梁启超在文学革命领域，也突出地体现了珠江文化的与时俱进的精神和特性。

中国在晚清才出现公开发行的报刊。自这种宣传舆论载体出现之后，对其使用最长时间、频率最高、效果最大的宣传家，恐非梁启超莫属。他从23岁开始即协助康有为创办《中外见闻》，24岁自己创办《时务报》直到戊戌政变失败，26岁在日本横滨创办《清议报》，29岁《清议报》停刊，改办《新民丛报》，30岁又办《新小说报》，32岁兼办《时报》，直到35岁改办《政论》，38岁办《国风报》，辛亥革命后，他40岁办《庸言报》，直到41岁才停止办报刊，前后达近20年之久。他办报刊主要是为政治造舆论，为学术提供园地，为真理进行争鸣，可以说，既是以舆论进行革命，又是进行舆论的革命。这在中国舆论史或报刊史上，都是具有划时代的开创意义的。他还有自己的舆论理论。如：他在《论报馆有益于国事》一文中指出，"觇国之强弱，则于其通塞而已"，"去塞译求通，厥道非一，而报馆其导端也"。"发端经始，在开广风气，维新耳目，译书印报，实为权舆"。又

说，"度欲开会，非有报馆不可，报馆之议论既浸溃人心，则风气之成不远矣"。他还提出，"有一人之报，有一党之报，有一国之报，有世界之报，"并公开承认他办的《时务报》是"一党之报"，《清议报》则是"在党报与国报之间"。这是最早的报刊具有党派性的观点。可见梁启超在舆论界是一位有理论有实践、有主张有实业的权威人物，所以在当时被誉为"舆论界之骄子"是实至名归的。

　　他还带动了舆论文体的大革命。梁启超最早提出报刊文字要"言文合一"的主张。他在报刊上发表的文章，

无论是针砭时弊的短文，或者是洋洋洒洒的学术长论，无论是与人争论的文章，或者是重大问题的政论，他都写得挥洒自如，感情充沛，雄辩充实，通俗流畅，自成一体，一扫当时文坛的八股气，开"五四"白话文运动之先河。被公认为开创了一种"新文体"（又被称为报章体、新民体），主张文章要"适用于今，通行于俗"。当时著名诗人黄遵宪称梁启超的文章，使人"惊心动魄，一字千金，人人笔下所无，却为人人意中所有，虽铁石人亦应感动。从古至今，文字之力之大，无过于此者矣"。黄遵宪还指出，当时全国四五十家报刊的言论，在半年时间内，大都帮"助公舌战，拾公之牙慧者，乃至新译之名词，杜撰之语言，大吏立奏折，试官之题目，亦剿袭而用之"，连反对者也承认他的文章有一种"魔力"，"使读的人不能不跟着他走，不能不跟着他想"。郭沫若说自己青少年时受《清议报》的影响很大，认为梁启超"在当时确是不失为一个革命家的代表。……在他那新兴气锐的言论之前，差不多所有的旧思想、旧风习都好像在狂风中的败叶，完全失掉了他的精彩。20年前的青少年，……无论是赞成或反对，可以说没有一个没有受过他的思想或文字洗礼的"。郑振铎说：梁启超"在文艺上，鼓动了一支生力军似的散文作家，将所谓恹恹无生气的桐城派文坛打得个粉碎。他在政治上，也造成了一种风气，引导了一大群人同走。他在学问上，也有了很大的劳绩；他的劳绩未必由于深湛的研究，却是因为他将学问通俗化了，普遍化了。他在新闻界上也创造了不少的模式，至少他还是中国近代最好的、最伟大的一位新闻记者。可以说梁启超的劳绩，大多是通过报刊实现的"。这些名家对梁启超的评价是中肯而权威的。从这些评价可见，梁启超的舆论革命和文体革命，无论在当时和以后的影响都是很大而深远的，他在这领域上的锐气和实干精神，也正是珠江文化竞争性、敏感性、共时性、务实性的充分体现。

梁启超在《自励》诗中称言："更研哲理牖新知"是他的抱负之一，可见做学问、做学者是他的奋斗目标。他以革命的态度进行政治活动，也同样以革命态度做学问，进行学术界革命。其代表作是1902年写的：《论中

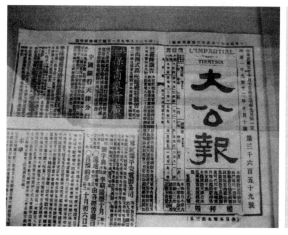

梁启超故居展示的《大公报》

国学术思想变迁之大势》，7万余言，撇开封建纲常名教思想和儒家的正统观念，对先秦诸子学、佛学及清代学术思想的发展演变及长短得失作了概括论述和客观评价，并注意到学术思想的演变与社会发展的联系，以及各派学术之间的相互影响，乃至中国与外国文化的交流和影响。论文将中国自黄帝时代至清光绪四千余年学术史划分为："一、胚胎时代，春秋以前是也。二、全盛时代，春秋末及战国是也。三、儒学统一时代，两汉是也。四、老学时代，魏晋是也。五、佛学时代，南北朝、唐是也。六、儒、佛混合时代，宋、元、明是也。七、衰落时代，近二百五十年是也。八、复兴时代，今日是也。"这是卓有见地的看法。在论文中，他还论及中国学术思想"实以南北中分天下，北派之魁厥为孔子，南派之魁厥为老子，孔子之见排于南，犹如老子之见排于北也"，这是首见的地域文化差异的论述，是很值得注意的。这论文是中国近代学术

浴凫飞鹭晚悠悠，
堤下连樯堤上楼。
楼红蓼花疏水，
国秋采莲舟宜，
到门前溪水流
乙丑二月梁启超

梁启超楷书

史的开山之作，对后来影响很大，堪称梁启超《自励》诗所言的"著论为求百世师"的传世名篇之一。无怪乎胡适在当时读了此文，认为是给他"开辟了一个新世界"，使他知道了在《四书》《五经》之外，"中国还有学术思想"。

此外，梁启超还以《论学术之势力左右世界》等文章，极力推崇西方学术，特别是引进一些新的学术门类或学科，如数学、天文学、理化学、动物学、医学、地理学、政法学、生计学（政治经济学）、卢梭的民约论、瓦特的汽机学、亚丹斯密的理财学、伯伦知理的国家学、达尔文的进化论，等等。这些西方科学成果和新兴学科的引进，也是学术界革命的重要方面，因为它扩大了学术领域，增进了新的学科与科学研究天地，促使落后的、封闭的中国跟上世界科学教育和研究的发展步伐。由此看来梁启超倡导学术革命，以巨大的魄力和精力，大量引进世界先进学术成果与新兴学科，真可谓有世界时代眼光的远见卓识。这个倡导，是梁启超具有敢为天下先和海纳百川的珠江文化精神的典型体现。

师友之道现真情

　　回顾晚清这段历史可知，中国近代史是由一批批
"知识精英"引领、发动的，他们是时代的先锋，因各自
的背景不同，其救亡图存之"方"互有差异，他们或相
互鼓舞，或相互博弈，甚至是相互批评和"攻讦"。然
而，正是这些异同，使中国近代史凸现出波澜壮阔的场
景和丰富多彩的画面。

　　梁启超生于濒海傍山的边陲小镇新会县茶坑村"十
代耕读"之家，由于严父的精心培养，12岁成秀才、17
岁中举人。如果不是1890年京试落榜、回程路经上海购
得《瀛环志略》，"始知有五大洲各国"，他必定要沿着科
举之路走下去，以获高官厚禄。一年前在广州乡试时，
其优异成绩深得主考官二品尚书李端棻的赏识，将其堂
妹许配给他，按其常规，首次落榜后当重读帖括之学，
准备下次京试再售。然既知世界五洲而面对大量西书

"以无力不能购也"的梁启超，其心时时作痒，闻首倡变法而又西学颇富的康有为"新从京师归"，何不前往一拜？康有为年长梁启超15岁，出身于因镇压太平军有功而暴发的新贵之家，11岁在祖父的官舍读到前线战报，便"慷慨有远志矣"。在梁启超出生的第二年（1874年），康有为便读到《瀛环志略》《地球图》等书籍，从此"知万国之故，地球之理"，其后将中西学融会贯通，开始了理论创制。1888年，康有为惊闻中法战争前方失利的消息，便立即以《为国势危蹙，祖陵奇变，请下诏罪己，及时图治》为题给皇帝上书，提出外国列强靠着突飞猛进的国力已经把世界各地瓜分完毕了，如今他们虎视眈眈，合起伙来侵略中国，对这"非常之变局"，皇帝应下

梁启超故居

"罪己诏"，尽快变法。对于这位目光如此敏锐、胆略如此壮伟的先觉者，"举国目为怪"。

而急于求得新知的梁启超，顾不上"怪与不怪"了，待康有为新归后立即前去拜访。本来，少年

康有为故居

举人梁启超还有点自负的本钱，哪知康有为乃以"大海潮音，作狮子吼"，谈天说地，纵论古今中外，整整一天，仍滔滔不绝，这让梁启超"且惊且喜、且怨且艾、且疑且惧"，回来后竟彻夜不能寐。康有为不愧为中国近代启蒙第一师，所创万木草堂被现代人讥讽为"康党党校"。在此，康氏率众弟子撰成了《新学伪经考》《孔子改制考》等划时代的著作。前书认为两千年来中国专制制度乃以伪经为基础，因而其政权不具备"合法性"，后书则"证明"至圣先师孔子，是一位托文王而改制的民主政治家和宗教改革家，他不仅为当世立法，乃为万世立法，今人应该立孔子为教主，进行民主改革。经过数年之熏陶，对于康有为这种打着"孔旗"反"孔旗"的手法，梁启超可谓已驾轻就熟，在1896年8月开张的《时务报》上，他举着孔子及儒教的旗帜，宣传乃师的变法主张。据统计，在前后一年多的时间内，他共发长短文章计60篇，其中"论说"50篇，大谈"西国立国之本末，合于公理，而不戾于吾三代圣人平天下之义"。一时间，国情聚变、民情风动，时人并称"康梁"，而"从通都大邑到边陲乡寨，无人不知有新会梁启超者"。

梁启超与严复初识之细节，已难以考实，然而较频繁的交往肯定在梁启超主编《时务报》期间。严复长梁19岁，出身于福州一个中医家庭，13岁考入船政学校后

梁启超故居陈列的电文

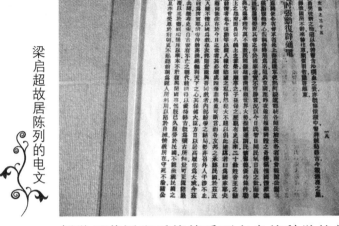

便学习英语和系统接受西方自然科学的普及教育，在1877—1879年赴英国留学期间，潜心研究英国的政治、经济和文化，回国后在天津北洋水师任职，继续研究并开始翻译英国近代思想家的著作，深明中国何以被动挨打之"故"。对于《时务报》鼓吹变法，他积极呼应，但又对其宣扬孔圣教以及以儒学附会西方民主学说的"今文经学"手法深不以为然。此时，正值他翻译的《天演论》已经完稿，其书阐述物竞天择、优胜劣汰，此乃自然社会进化之通则，人类社会由野蛮人文明、由君主制至民主制均是在此规律的作用下，由民德、民智、民力不断进化之结果。有此鲜明的历史观念作依据，严复便借评梁启超的《古议院考》宣传"《洪范》之卿士、《孟子》之诸大夫，上议院也；《洪范》之庶人，《孟子》之国人，下议院也"之机，写信给予点拨，望他不要将风马牛不相及的事相互比附。同时，严复更进而批评康梁既变新法，就不可举孔教，那样，只能束缚人们的思想，窒息新学的发展。

在19世纪和20世纪之交，西学翻译是一个很热门的话题。很多概念和名词都是第一次进入中国，中文不见得会有严格对应的词语能准确传译，当时许多领域里对此都有讨论，经济学也不例外。当然，严复和梁启超是早期为中国经济学翻译做出最大贡献者之一。

英文"Economy"的希腊语辞源是"家政学"，后来逐渐生发出政治经济学的含义。在儒学里也有"修齐治平"的说法，与其暗暗相契。但在"重农抑商"的环境下，终究中国没有产生现代意义上的经济学。

严复不赞同不少前人用"富国策"而应该用"学"来描绘西方经济学。所以，严复在翻译亚当·斯密《原富》（即《国富论》）时，特地写了一篇"译事例言"，并作中英名词对照表，为经济学翻译立下了一点规矩。严复用"计学"的理由是：

"计学，西名叶科诺密，本希腊语。叶科，此言家。诺密，为聂摩之转，此言治。言计，则其义始于治家。引而申之，为凡料量经纪搏节出纳之事，扩而充之，为邦国天下生食为用之经。盖其训之所苞至众，放日本译之以经济，中国译之以理财。顾求必吻合，则经济既嫌太廓，而理财又为过狭，自我作故，乃以计学 当之。"

梁启超是严复的好友，但他不太同意严复的这个译名，觉得"计学"有些不便，也许更传统的"生计"更合适。他以日本人的研究资料为基础写过一本《生计学学说沿革小史》，比严复的《原富》还早几年。

"兹学之名，今尚未定。本编向用'平准'二字，似未安。而严氏定为'计学'，又嫌其用于复用名词，颇有不便。或有谓当用'生计'二字，今姑用之，以俟后人。草创之初，正名最难，望大雅君子，悉心商榷，勿哂其举棋不定也。"

两人在其他方面也有共识。比如，他们都赞成把"资本"翻译成"母财"，取其"以财生财，众财之母"的意思，与后来从日本流入的"资本"概念各有意味。而且，严、梁二人都有意发扬中国古书中一些词，以区别于日本人的翻译。"租、庸、息"这三个名词的翻译最有代表性，梁启超说，租、庸和息三者，物价之原质也。理解了这几个概念，也就能顺利地把握整个西方经济学的脉络。

例如，第一个词是"租"。"劳力者必资土地乃能产物，而土地既非所自有，遂不得不纳租赋以乞贳之于地主，分其劳力所得之若干以为偿，若是者名曰租。日本谓之地代。"这个"租"后来在经济学翻译中被保留下来，主要指地租，没有使用日本的"地代"。

还有，另一个词"息"。梁启超说道，"积聚者出其母财以饬材焉，以饩廪焉，及其成货也，又不得不分其劳力所得之若干以为偿，若是者谓之息。日本谓之利润"。后来，这个"息"在产业经济中慢慢被废置了，但"利息"这个词在货币经济中却被保留了下来。仔细体会"利润"与"利息"的区别，对于经济学初学者都是极好一课。

此外，两人在译介时还各显才能，颇多创造，显示

严复铜像

出严复和梁启超在西学翻译上的高超技巧。

在翻译上，梁启超颇多神来之笔。比如，他巧妙借用佛典，把莫尔的名著《乌托邦》译为《华严界》，译名颇为妥帖。还有，梁启超把今日统称为"重农学派"译为"性法学派"，并把魁奈的《经济表》译为《性法论》。从"Physiocrat School"的词源学考察来看，"性法学派"似乎比"重农学派"更为贴切。因为，尽管重农学派学者论述偏重农本，但重农只是一种表象，尊重自然规律才是这个学派的根本理念。更何况，梁启超还认识到了这一学派与政治思想之间的关系，性法亦谓之天然法律（自然法），即政治学家所谓天赋人权说也。这层含义是今天我们使用"重农学派"时所无法体现的。

严复翻译《天演论》（纸织画）

确实，梁启超及其康门众弟子，在《时务报》时期，除了撰文时打着孔子的旗帜鼓吹变法的思想外，在行为上，皆奉康有为"教皇"，宗教狂热弥漫一时。严复对"康党"的宗教狂热定有所觉，但他并未采取"攻击"的态度，而是耐心诱导。梁接启超信后"循环往复十数过，不忍释手"，并感慨道："天下之爱我者，舍父、师之外，无如严先生；天下知我而能教我者，舍父、师之外，无如严先生。"对严复关于孔圣教的批评，梁启超更是由衷地接受。他说，读先生的论教之语"则据案狂叫，语人曰：'不意数千年闷葫芦，被此老一言揭破。'因为自汉武帝独尊儒术的2000年来，士人之心思才力，皆为孔教教旨所束缚，不敢解放思想，今再举圣旗，岂不窒闭无新学矣"？后来的事实证明，严复对梁的影响深刻而巨大，此后数年间，梁启超虽然仍坚持"今文学"，但他与乃师一起通过研究《天演论》，将其"据乱""升平""太平"的三世说同现代进化论紧密地结合在一起，使之成为新型的历史观。到了1902年，梁启超公开反对"保教"，而且闭口不谈"伪经"了，在学理上与乃师分道扬镳！在当时，梁启超对严复也有很大的帮助，正是在他的协助下，《天演论》数章于《时务报》发表，从此，"物竞天择、优胜劣汰"成了中国人变法图强的划时代的口号。

如果说，梁、严之交，驱使梁启超迅速朝理性的方向转变的话，而他与谭嗣同的结友则充满了感情色彩。

谭嗣同长梁启超8岁，与"南海一岛民"的梁启超相比，他的出身要高贵得多——其父乃清廷二品大员。然而，嗣同生母早故，"遍遭纲伦之厄"，性烈气张，六次科场皆落榜下，故生下冲破天罗地网之心。甲午海战败后，他曾痛心疾首，遇梁启超，读康有为著作，即投康门。

谭嗣同雕像

百日维新期间，光绪帝亲召，"在军机章京上行走，参预新政"，谭嗣同成了光绪帝最为信赖的助手。当知西太后阴谋夺权后，他只身一人入虎穴，策反袁世凯，劝其率兵"护皇上"，可惜此举失败。西太后发动政变后不久，谭嗣同便前往日本使馆，与已经避难到这里的梁启超会面。那时，他们都可以渡海避难，但是两位做了一个奇特的决

浏阳谭嗣同故居

定——一生、一死："不有行者，无以图将来；不有死者，无以酬圣主。"谭嗣同说罢，便相与梁启超一抱而别，回家等了两日官兵才来捕捉。就义之前，留言寄梁："强邻分割即在目前，嗣同不恨先众人而死，而恨后嗣同而死者虚生也。啮血书此，告我中国臣民，同兴义愤，蓟除国贼，保全我圣上。嗣同生不能报国，死亦为厉鬼，为海内义师之助。"不久，谭嗣同便与其他五君子一起，喋血菜市口。梁启超不负挚友之托，避难日本后，以保

皇的形式继续发展民族民主主义运动，同时将谭嗣同的《仁学》整理出版，终于让世人仰观到这位"思想界之彗星"绚丽的光彩。

在戊戌变法时期，还有一位与梁启超亦师亦友的人物。他就是新诗派的倡导者、外交家黄遵宪。黄遵宪长梁启超25岁，在梁启超4岁时，他就中了举人。黄遵宪本擅长写诗，然而自出使日本、处理琉球事务之后，他亲饮明治之新风，写下《日本国志》，以作祖国变法之

镜。其后，黄遵宪又出使欧洲和新加坡，见中外之差与日俱增，故无法忍耐，作《赠梁任父同年》曰："寸寸河山寸寸金，侉离分裂力谁任。杜鹃再拜忧天泪，精卫无穷填海心。"期望梁启超能像精卫填海一样，挑起重整破碎河

黄遵宪

黄遵宪故居

山（侉离分裂）的责任。事实上，梁启超到《时务报》做主笔，乃黄所盛邀，至长沙时务学堂执掌总教习，由黄遵宪所促成。黄遵宪对梁启超之厚望，以私言不是父子乃胜似父子，以公论不是师生乃超越师生，见梁启超有成则喜、则赞，见梁启超有失则忧、则教。百日维新失败后，黄遵宪对本人遭贬并不在意，而当他得知梁启超已经逃出魔掌、在日本又开辟新的战场后，则老泪纵横，写下"何时睡君榻，同话梦境迷？即今不识路，梦亦徒相思"的诗句，表达其对梁启超的百般思念。其后数年，二人相互通信十余万字，黄遵宪给予梁启超多方指导与鼓励。去世前，黄遵宪曾书《病中纪梦述寄梁任父》，"人言廿世纪，无复容帝制。举世趋大同，度势有

必至"，以表达其追求民主制度的坚定信心。而梁启超正是在黄遵宪的教诲与诱导之下，百折而不回、万劫而不却也。

中国近代风云人物梁启超，其前半生一直置身于激烈复杂的政治斗争中，但到了晚年，则致力于著述及讲学。20世纪20年代，梁启超即在南京留下踪迹。

南京东南大学原是清末兴办的三江师范学堂。民国时，为进一步振兴教育事业，1921年7月改办为东南大学。当时中国只有两所国立大学，一所是以蔡元培为校长的国立北京大学，再一所就是号称东南最高学府的东南大学。东南大学校长郭秉文主张"自由讲学"。他延揽了国内外许多名流学者，不分党派利用这个最高学府讲坛充分发表个人的政治主张，让学生也自由选择自己的政治信仰。

1922年夏天，学校董事会决定仿照美国哥伦比亚大学，开办了暑期学校。担任暑假学校课程的教师，除本校权威教授外，郭秉文还罗致了海内外知名之士：美国杜威博士讲授《实验教育哲学》；美国吴卫士博士讲授《昆虫学》；美国孟禄博士讲授《教育学》；德国杜里舒博士讲授《生机哲学》；胡适博士讲授《实用主义》；梁启超教授讲授《先秦政治思想史》；江亢虎博士讲授《劳动问题》；张东荪教授讲授《新闻学大意》，还有本校常务校董和工科教授杨杏佛的《政治改造思想》等相关专业等科目。此外，还延聘了佛学大师欧阳竞无讲了一次《佛法非宗教非哲学而为世人所必需》的讲座。

为此，暑期学校为讲师们开了一个欢迎大会，大会一结束，学生们挤在食堂，禁不住纷纷对大师们的仪表品头论足，特别是对杜威、胡适，有人大所失望地说："想不到杜威不过是个瘦老头儿。"有的人则说胡适不像个学者，"倒像花牌楼（今太平南路一带）的商人"。但是，大家对梁启超却普遍印象较好。首先是他的谦虚态度，不似胡适等人讲话，目空一切。在学生的眼中，梁启超是位广额深目、精力充沛、语音清晰、态度诚恳的学者。梁启超此时暂住在成贤街校舍中，每逢星期天，不少青年都喜欢去拜访他。大家发现，大师不仅为人谦诚，而且治学勤恳，连星期天也有工作计划。他精神饱满到令人吃惊的程度：右手写文章，左手扇不停挥，有时一面写，一面又在答复同学提出的问题。当他写完一张时，便吩咐他的助手拿到另一间房屋去打字，一篇文稿还未打完，第二篇又摆在桌面上了。此外，他每天还要看完《京沪日报》和一本与《新青年》等齐厚的杂志，而且摘录下必要的资料。在与学生们交谈中，他常以"万恶懒为首，百行勤为先"这句话来勉梁启超励他们。在勤恳治学方面，梁启超的确做到了以身作则。

东南大学

　　由于大师们各有千秋的讲学，很快发展到学员们自下而上的自由评论。对于学员们对教授们提出的疑问，东南大学的杨杏佛教授都有问必答地作出了相应的答解，而梁启超对此则多方面回避，甚至表示矜持。以"我不能赞同一辞"来作应付，从而又引起许多学员在"学者态度"上的争论。有人主张真理愈辩愈明，应大力提倡杨杏佛教授的学者态度，有人则认为多言多败，应永远保持虚衷自守，对政治"三缄其口"的戒律。这些话很快传到了梁启超耳里，他很敏感，立时郑重地说："讲学的自由和批评的自由原本是双生的。我并非反对自由批评，而是反对批评的不自由，我的态度同杏佛并无两样……我也说过同大家一起进行改错。"经他这么一表态，学员们关于学者态度的争论就此涣然冰释了。

梁启超在南京讲学期间，还参加了东南大学文、史两系全体师生在鸡鸣寺举行的一次联欢会。当时，正是盛暑时节，鸡鸣寺方丈见到梁启超到来，十分高兴地捧出文房用具索求墨宝。梁启超略为沉吟片刻，便奋笔写下了陆游的诗句："江山重叠争供眼，风雨纵横乱入楼。"从中不难看出，这位昔日政坛骄子对当时政治风云的变幻仍怀有不满情绪。作品完成后，喜得这位老和尚连说："本寺一定要把任公的墨宝藏之名山，垂之千古。"

联欢会上，一位学生趁梁启超高兴之际，向他提问："现在南京延揽国内外名流学者公开讲学，有人说只有诸子百家争鸣才能与今天的盛况媲美，依先生看，这种提法是否合适？"梁启超听了顿时神情严肃起来，并说道："我认为非常不合适！主要是没有新思想、新内容，而诸子百家则各有独到之处，以至于2000年后的今天还值得重新估定它的价值。今天的自由讲学几乎找不出一处独

特见解，以至于二三十年后，就会被人们遗忘得一干二净了。"

这次讲学中，梁启超还为东南大学暑期班学员做了一次颇有趣味的专题讲座——《为学的趣味》，表达了他的趣味主义人生观，引起了学员们的极大兴趣。他认为，人生最合理的生活应该是"觉得天下万事万物都有趣味"，"凡人必常常生活于趣味之中，生活才有价值。若哭丧着脸捱过几十年，那么生命便成了沙漠，要它何用？"什么叫趣味呢，梁启超解释说："凡趣味的性质，总要以趣味始，以趣味终，所以能为趣味为之主体者，莫如下列几项：一、劳作；二、游戏；三、艺术；四、学问。"他认为，除此之外，像赌钱、吃酒、做官之类的事在做时或许有趣，但并非能以趣味终。输了钱如何？吃酒吃病了如何？没有官做了又如何？因此，他提倡做学问，认为"学问的本质能以趣味始，以趣味终"。他自认为："对于自己所做的事，总是津津有味，而且兴致淋漓，什么悲观、厌世、这种字眼，我所用的字典里头可以说完全没有，我所做的事常常一面失败一面做，因为我不但在成功里头感觉趣味，就在失败里头也感到趣味。"这种积极的人生观无疑成为梁启超一生勤奋地探索救国真理的精神动力。

诗词联句铸风骨

　　1911年3月24日，应台湾爱国青年林献堂热情邀请，梁启超在汤觉顿的陪同下，带着女儿梁令娴，乘日本轮船"笠户丸"号离开了横滨，经马关向基隆航行。这一条路线，是当年日本帝国主义武装占领台湾的路线。梁启超回想当初"公车上书"，爱国救亡，台湾举人涕泣而请命，反对割让台湾，由于清政府的腐败无能，致使台湾沦为日本殖民地，不禁伤愁苦悲哀。

　　25 日，船泊马关，

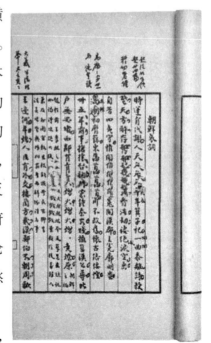

《梁任公诗稿手迹》（梁启超著、康有为评）

《马关条约》签署地——春帆楼

这里是当年李鸿章在春帆楼被迫签订丧权辱国的《马关条约》之地，康有为有"千古伤心过马关"的诗句。梁启超沉闷地漫步在甲板上，静听海涛拍岸，往事不堪回首。他脱口咏道：

明知此是伤心地，亦到维舟首重回。

十七年中多少事，春帆楼下晚涛哀。

27日，"笠户丸"经浙江温州、台州附近的海面向南行驶，梁启超立于船头，遥望故国，却不见故人招手，连频频飞翔的海鸥也无精打采，不免兴致萧索，轻轻哀叹：

沧波一去情何极，白鸟频来意似阑。

却指海云红尽处，招人应是浙东山。

"笠户丸"号轮船设备很新，娱乐设施也较完备，无线电、报纸消息十分灵通。当轮船即将到达台湾的前一天，台湾朋友林献堂即发来无线电报，表示台湾人民对祖国维新名士的热烈欢迎。梁启超无限欣喜，又赋一首：

迢递西南有好风，故人相望意何穷。

不劳青鸟传消息，早有灵犀一点通。

28日，正是梁令娴18周岁生日，父女抵达基隆码头。

日本人在台湾实行严酷统治，不许中国人登陆。当梁启超一行抵基隆时，日本警察气势汹汹地厉声盘问，使他们十分气愤。幸好梁启超自日本出发前，从东京有关方面索取了介绍信，才得以登岸。通过此番周折，梁启超第一次尝到了殖民地苛政下非人生活的滋味，心中十分难受。

梁启超自基隆登陆后，林献堂率父老数十人热烈欢

迎，随即乘汽车抵达台北市，下榻于日之丸旅馆。4月1日，当地父老出于热爱故国亲人之情，又见日本殖民者的法西斯统治和特务监视，心中有话不能说，不免有"尊前相见难啼笑"之感，声声叹息，暗自落泪。他在席中演说，也不胜伤感。酒席之后，他赋诗4首以表谢意，其中最后一首为：

> 劫灰经眼尘尘改，华发侵颠日日新。
> 破碎山河谁料得，艰难兄弟自相亲。
> 余生饮泪尝杯酒，对面长歌哭古人。
> 留取他年搜野史，高楼风雨纪残春。

梁启超一字一泪，实在伤心。特别是"破碎山河谁料得，艰难兄弟自相亲"的字句，内中包含多少辛酸事，引起遗老们泣不成声。

梁启超在游台期间，受到各地诗社诗友的热烈欢迎，纷纷聚会、咏诗，以抒发怀旧、明志的心迹。梁启超在游台期间共写诗89首、词12首。由于特务跟踪监视，梁不能直抒胸襟。诗词充满殖民统治下人民的伤愁哀怨，表面上以写台湾美丽的风光为主，但处处表现出隐痛和对祖国大陆的思念，字里行间无处不是泪。

梁启超在诗词中，把台湾与大陆紧紧地联结在一起：

梁启超作《东坡寄怀词》

"绵绵列岫烟如织，暖暖平畴翠欲流。好似扶筇千步磴，依稀风景似扬州。"（《莱园杂咏》）"且莫秋风怨迟暮，夕阳正在海西头。"（《次韵酬林痴仙见赠》）"最是夕阳无限好，残红苍莽接中原。"（《莱园杂咏》）

最为突出的是，梁启超着重写出了台湾人民对祖国大陆的思念之情。他以《相思树》为题写道："终日思君君不知，长门买赋更无期。山山绿遍相思树，正是江南草长时。"台湾的山水与江南的草木绿成一片，紧密相连。

最有代表性的是他改编台湾民歌而成的10首《台湾竹枝词》，写恩爱夫妻难分难舍的情景。词借女子对郎君的思念，隐寓台湾遗民对大陆同胞的血肉情谊，其中前5首写道：

郎家住在三重浦，妾家住在白石湖。
路头相望无几步，郎试回头见妾无。

韭菜开花心一枝，花正黄时叶正肥。
愿郎摘花连叶摘，到死心头不肯离。

相思树里说相思，思郎恨郎郎不知。
树头结得相思子，可是郎行思妾时。

手握柴刀入柴山，柴心未断做柴攀。
郎自薄情出手易，柴枝离树何时还？

郎捶大鼓妾打锣，稽首天西妈祖婆。
今生够受相思苦，乞取他生无折磨。

这几首诗，十分巧妙地描写了女子与郎君分离、相思的痛苦，表现了台湾人民热望与祖国大陆团圆的强烈愿望。"今生够受相思苦，乞取他生无折磨"，令人不忍卒读！经过梁启超精心加工的《台湾竹枝词》，是他爱国情思的自然流露，反映了海峡两岸人民要求统一的共同心声。

4月底，梁启超怀着满腹悲愤与无量隐痛，离开台湾。在"赞歧丸"号海轮上，他在给《国风报》编辑的信中谈到他的游台观感，"归舟所满载者哀愤也"。他西望故国，政府无能，江河日下，真是不寒而栗。在航行中，他又写了20多首充满伤愁悲哀的诗词。其中第一首写道：

千古伤心地，畏人成薄游。

山河老旧影，花鸟入深仇。

入境今何世，吾生淹此流。

无家更安往，随意弄扁舟。

梁启超在《浣溪沙台湾归舟晚望》这首词里，更集中地表达了游台的失望及哀愤心情。他站在甲板上，远望"老地荒天"，"海门落日"，近观巨浪澎湃，心情沉重，游台后的惆怅、哀伤、愤恨一拥而上，不禁低声咏道，"凭舷切莫首重回"。

梁启超此次访台的最大收获，是以诗歌形式，宣传

了爱国主义，增强了台湾同胞的民族民主意识。同时，也帮助林献堂确定了温和主义的斗争策略。在梁启超的影响下，林献堂、林幼春等成为台湾民族民主运动的重要领导人物。他的第二个收获是亲眼看到了日本统治台湾的真相，加深了他对帝国主义殖民统治的认识和仇恨。

梁启超的文章堪称"国首"，研究堪称"国学"。被推为清末民初，尤其是1903年前后，中国舆论界当之无愧的"执牛耳者"。那么，在这位"大家"眼中，对联又占什么位置呢？"小玩意儿"而已！

梁启超在《苦痛中的小玩意儿》一文中，说："骈骊对偶之文，近来颇为青年文学家所排斥，我也表相当的同意。但以我国文字的构造，结果当然要产生这种文学。而这种文学，固自有其特殊之美，不可磨灭。我以谓爱美的人，殊不必先横一成见，一定是丹是素，徒削减自己娱乐的领土。楹联起自宋后，在骈骊文中，原不过附庸之

梁启超

附庸。然其佳者，也能令人起无限美感。"从中不难看出，梁先生在肯定了对联历史地位，即"不可磨灭"的同时，也指出了对联的文学中的地位，即"附庸之附庸"。既然是附庸，也就谈不上价值，也就只能用来"消遣"罢了。所以我们就不难理解梁先生为什么要称对联是"小玩意儿"了，也就是平时之玩乐而已。但就是梁先生自称的"小玩意儿"，却和梁先生好像有一种不解之缘。

先是梁启超在戊戌变法前夕，到武昌讲学期间，拜访坐镇武昌的湖广总督张之洞。张之洞有意诘难于他，便出上联求对："四水江第一，四时夏第二，先生居江夏，谁是第一，谁是第二？"梁先生略思片刻，从容对答："三教儒在前，三才人在后，小子本儒人，何敢在前，何敢在后！"联中所说的"四水"指长江、淮河、黄河、汉水；"四时"为春、夏、秋、冬；"江夏"是武昌的古称；"三教"指儒、道、释；"三才"系天、地、人；"儒人"即儒生、学者。上联盛气凌人，问得刁钻；下联不亢不卑，答得巧妙。上下联属对工整，暗藏机锋，一时传为佳话。张之洞年长梁先生36岁，又是清廷重臣、社会名流，对这位"后生小子"未免白眼相加，但想不到在问难与应对中二人竟打了个平手！由于双方地位、名望、年龄之悬殊，即使打成平手，梁启超也是赢家。

梁启超楷书七言联

可见，梁启超在当时社会上出名还是多少得益于这个"小玩意儿"的。

古来诗话百家，然能录对联者寥若晨星。在梁启超的《饮冰室诗话》中，得录黄公度先生三联，也许是梁先生对公度先生敬重有加所至，以至"爱人及联"了。其一云："药是当归，花宜旋复；虫还无恙，鸟莫奈何。"其二云："万象函归方丈室，四围环列自家山。"其三云："尚欲乘长风破万里浪，不妨处南海弄明月珠。"量虽少，却也可喜。

1924年，梁启超夫人不幸病故，先生为此也一病不起。在几个月病榻前，也正是这"小玩意儿"供先生消磨这寂寞时光。鉴于"诗句被人集烂了，词句却还没有"，先生便玩起了起集词句联。一下竟集了七八十句。不但自娱，还以此赠人。其中最得意的是赠徐志摩联：

临流可奈清癯，第四桥边，呼棹过环碧。

此意平生飞动，海棠影下，吹笛到天明。

所集词句出自吴梦窗的《高阳台》、姜白石的《点绛唇》、陈西麓的《秋霁》；辛弃疾的《清平乐》、洪平斋的《眼儿媚》、陈简斋的《临江仙》。并且，他选所集之半发表在晨报年纪念增刊之上，已应晨报记者"催租"之用了。

梁启超逝世后，也没脱开与这"小玩意儿"的联系，人们还是用挽联，以寄哀思。其中杨度挽联是：

事业本寻常，成固欣然，败亦可喜。

文章久零落，人皆欲杀，我独怜才。

夏敬观的挽联云：

赋命历艰危，才性不为平世士。

阖棺论成败，功名唯在旧书堆。

这其中除了敬挽之意，也对梁启超的一生做了评价。

梁启超旅外遗存的一副对联

维新运动的领袖梁启超，于1900年10月偕秘书罗昌离马来亚槟榔屿，到达西澳洲首府珀斯，他在此小住十余日，受邀演讲，西澳洲总督亲临会场听讲支持。后来，他在南澳洲首府黑列拜见州司法大臣、州议会议长。

11月14日上午，梁启超乘火车到达维多利亚州首府墨尔本，侨领50余人前往车站迎接，悉尼华文大报《东华时报》报道说当时"中西人士观者如堵墙"，梁氏由侨领黄植卿等陪同乘马车到华人经营的大酒楼设宴为梁启超洗尘。黄植卿致辞，梁氏起立道谢，举觞既毕，乃离座与乡胞一一握手讯问姓字，并与记者一一寒暄。

1900年梁启超访澳时在丝绢上写下的对联

15日，梁启超往唐人街拜访各华商，所到之处，极受礼待。是日下午，梁启超应自己家乡的海外同乡会——冈州会馆的特别宴请，酒过三巡，梁启超兴奋异常，冈州会馆乡胞更以能接待本乡本土的"天生俊杰、拔萃超常、学问渊海、才德杰璋"的大学问家感到非常荣幸，立即要求梁启超留下墨宝，正在兴头上的梁启超决定不让乡胞失望，于是提笔挥毫，为冈州会馆在

丝绢材料上写下了一副对联。

此联上联赞扬冈州（今新会）会馆，下联则道出了梁启超鼓吹保皇会的苦乐兼备之心态。当时的北京已被八国联军所侵占，而慈禧太后挟光绪帝已远逃西安，山河破碎，使他伤心。爱国爱民的梁启超大声疾呼"爱国如家，其庶几乎"。

梁启超诗词选

壮别若干

丈夫有壮别，不作儿女颜。风尘孤剑在，湖海一身单。

天下正多事，年华殊未阑。高楼一挥手，来去我何难。

狂简今犹昔，裁成意苦何？辙环人事瘁，棒喝佛恩多。

翼翼酬衣带，冥冥慎网罗。图南近消息，为我托微波。

赫赫皇华记，凄凄去国吟。出匡恩未报，赠缟爱何深。

重话艰难业，商量得失林。只身浮海志，使我忆松阴。

大陆成争鹿，沧瀛蛰老龙。牛刀勿小试，

留我借东风。

东归感怀

极目中原幕色深，蹉跎负尽百年心。那将涕泪三千斛，换得头颅十万金。

鹃拜故林魂寂寞，鹤归华表气萧森。恩仇稠叠盈怀抱，抚髀空为梁父吟。

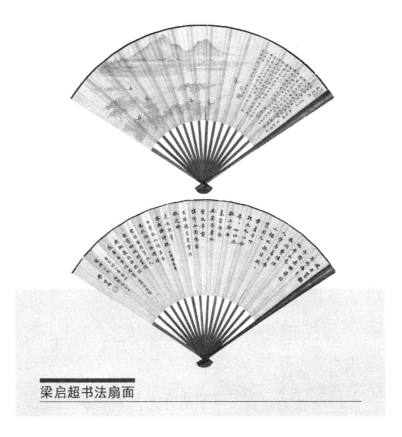

梁启超书法扇面

水调歌头甲午

拍碎双玉斗，慷慨一何多。满腔都是血泪，无处着悲歌。三百年来王气，满目山河依旧，人事竟如何？百户尚牛酒，四塞已干戈。

千金剑，万言策，两蹉跎。醉中呵壁自语，醒后一滂沱。不恨年华去也，只恐少年心事，强半为销磨。愿替众生病，稽首礼维摩。

满江红赠魏二甲午

如此江山，送多少英雄去了。又尔我蹋尘独漉，睨天长啸。炯炯一空馀子目，便便不合时宜肚。向人间一笑醉相逢，两年少。

使不尽，灌夫酒。屠不了，要离狗。有酒边狂哭，花前狂笑。剑外惟馀肝胆在，镜中应诧头颅好。问匏黄阁外一畦蔬，能同否。

金缕曲

瀚海飘流燕。乍归来、依依难认，旧家庭院。惟有年时芳俦在，一例差池双剪。相对向、斜阳凄怨。欲诉奇愁无可诉，算兴亡、已惯司空见。忍抛得，泪如线。

故巢似与人留恋。最多情、欲黏还坠，落

泥片片。我自殷勤衔来补，珍重断红犹软。又生恐、重帘不卷。十二曲阑春寂寂，隔蓬山、何处窥人面？休更问，恨深浅。

太平洋遇雨

一雨纵横亘二洲，浪淘天地入东流。却余人物淘难尽，又挟风雷作远游。

满船沉睡我彷徨，浊酒一斗神飞扬。渔阳三叠魂憯伤，欲语不语怀故乡。

自题新中国未来记

却横西海望中原，黄雾沈沈白日昏。万壑豕蛇谁是主？千山魑魅阒无人。

青年心死秋梧悴，老国魂归蜀道难。道是天亡天不管，竭来予亦欲无言。

读陆放翁集四首

诗界千年靡靡风，兵魂消尽国魂空。集中什九从军乐，亘古男儿一放翁。

（中国诗家无不言从军苦者，惟放翁则慕为国殇，至老不衰。）

梁启超塑像

辜负胸中十万兵，百无聊赖以诗鸣。谁怜爱国千行泪，说到胡尘意不平。

（放翁集中胡尘等字，凡数十见，盖南渡之音也。）

叹老嗟卑却未曾，转因贫病气峻嶒。英雄学道当如此，笑尔儒冠怨杜陵。

105

（放翁集中只有夸老颂卑，未尝一叹嗟，诚不愧其言也。）

朝朝起作桐江钓，昔昔梦随辽海尘。恨杀南朝道学盛，缚将奇士作诗人。

（宋南渡后，爱国之士欲以功名心提倡一世者亦不少，如陈龙川、叶水心等，亦其人也。然道学盛行，掩袭天下士皆奄奄无生气矣，一二人岂足以振之。）

浪淘沙乙未

燕子旧人家，怅触年华。锦城春尽又飞花。不是浔阳江上客，休听琵琶。轻梦怕愁遮，云

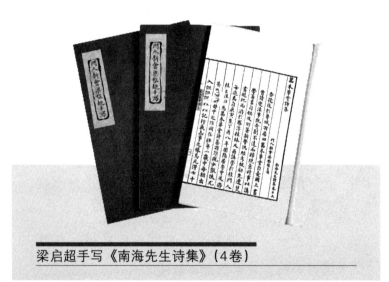

梁启超手写《南海先生诗集》（4卷）

影窗纱。一天浓絮太亏他。镇日飘零何处也，依旧天涯。

贺新郎壬寅

昨夜东风里。忍回首、月明故国，凄凉到此。鹑首赐秦寻常梦，莫是钧天沈醉。也不管、人间憔悴。落日长烟关塞黑，望阴山铁骑纵横地。汉帜拔，鼓声死。

物华依旧山河异。是谁家、庄严卧榻，尽伊鼾睡。不信千年神明胄，一个更无男子。问春水、干卿何事？我自伤心人不见，访明夷别有英雄泪。鸡声乱，剑光起。

梁启超的诗词名句

不恨年华去　也只恐少年心事　强半为消磨

【出处】梁启超《水调歌头·拍碎双玉斗》

【鉴赏】我不怨恨年华的逝去，只担心年轻时候的雄心壮志，大半被无情的岁月消磨殆尽。梁启超一生轰轰烈烈，无时无刻不在为天下苍生着想，这首词能表现出他的忧国情怀。历经几回人世沧桑，不免害怕自己当

107

年的豪情壮志，是否会随着年华的消逝而逐渐减退，充分流露出作者自我警惕的心境。

【原诗】

　　拍碎双玉斗，慷慨一何多！满腔都是血泪，无处着悲歌。三百年来王气，满目山河依旧，人事竟如何？百户尚牛酒，四塞已干戈。千金剑，万言策，两蹉跎。醉中呵壁自语，醒后一滂沱。不恨年华去也，只恐少年心事，强半为消磨。愿替众生病，稽首礼维摩。

世界无穷愿无尽　海天寥廓立多时

【出处】梁启超《自励》

【鉴赏】世界将会永无止境地发展下去，我的愿望也如无穷的宇宙一样永无休止，面对寂寥广阔的大海蓝天，不觉为之怅然，伫立良久。寥廓，是指寂寥、广阔。此诗作者梁启超自好任公，以天下为己任，故写这首诗以自我期勉。"世界无穷愿无尽，海天寥廓立多时"这两句诗，颇能表现出一代英雄海天独立的苍凉，以及他宏愿无穷的豪情壮志。

【原诗】

　　献身甘作万矢的，著论求为百世师。誓起

民权移旧俗，更研哲理牖新知。十年以后当思我，举国犹狂欲语谁？世界无穷愿无尽，海天寥廓立多时。

亘古男儿一放翁

【出处】梁启超《题放翁集》

【鉴赏】梁启超读完陆游的诗集后，对于这位爱国诗人的伟大情怀不觉肃然起敬，于是写下这首诗。他认为放翁是自古以来，一位值得尊崇与歌颂的好男儿。梁启超自认为负有任重道远的使命。他的这首诗颇能激发血性男儿的爱国意志与万丈豪情。（中国诗家无不言从军苦者，惟放翁则慕为国殇，至老不衰。）

【原诗】

诗界千年靡靡风，兵魂消尽国魂空。集中什九从军乐，亘古男儿一放翁！

男儿志兮天下事　但有进兮不有止　言志已酬便无志

【出处】梁启超《志未酬》

【鉴赏】男儿立志，要为天下做一番大事，而且只能前进不能停止，如果因志愿得到酬偿而停止前进，那便是个没有志气的人。梁启超以天下为己任，一生奋斗不懈。这首诗是劝人志向要远大，必须不断努力更上一层楼，切不可因稍有成就而志得意满。

【原诗】

　　志未酬！志未酬！问君之志几时酬？志亦无尽量，酬亦无尽时。世界进步靡有止期，吾之希望亦靡有止期；众生苦恼不断如乱丝，吾之悲悯亦不断如乱丝。登高山复有高山，出瀛海复有瀛海。任龙腾虎跃以度此百年兮，所成就其能几许？虽成少许，不敢自轻。不有少许兮，多许奚自生？但望前途之宏廓而寥远兮，其孰能无感于余情。吁嗟乎，男儿志兮天下事，但有进兮不有止，言志已酬便无志！

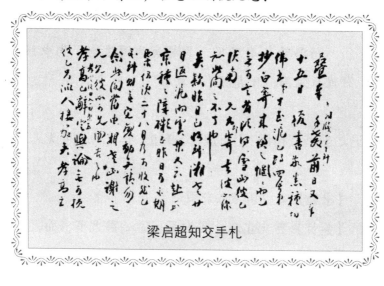

梁启超知交手札

110

"饮冰室手稿" 别话

梁启超出生于广东省新会县熊子乡，字卓如，号任公，因其住所题名"饮冰室"，故又自署"饮冰室主人"。梁启超是近代中国资产阶级政治家、思想家，他的后半生与图书馆事业结下了不解之缘。

1916年，反对袁士凯称帝的蔡锷（字松坡）将军病逝，梁启超上书大总统黎元洪《接受快雪堂设立松坡图书馆呈》，请拨北海快雪堂设立图书馆。此议得到批准。1923年，松坡图书馆成立，后庑奉祀蔡锷及护国战争死难烈士，前楹设图书馆。为此，梁启超作《松坡图书馆记》及《松坡图书馆劝捐启》，号召社会各界关心该馆藏书建设及资金筹备，"庶仗群力，共襄阙成"。短短时间内，松坡图书馆已经办得颇有起色。

1925年5月，中华图书馆协会在北京成立，梁启超出席并在会上做《演说辞》，阐述"建设中国图书馆学和

梁启超、康有为与《饮冰室合集》

"培养管理图书馆人才"的重要性，提出了中华图书馆协会的具体任务：（一）"把分类、编目两个专门组切实组织……制成极绵密极便利的目录，务使这种目录不惟可以适用于全国，并可以适用于外国图书馆内中国书之部分"；（二）"择一个适当都市，建设一个大规模的图书馆，全国图书馆学者都借他作研究中心"，这是因为"一则财力不逮，二则人才不彀，与其贪多鹜广，闹得量多而质坏，不如聚精会神，不如将一个模范馆先行办好，不愁将来不会分枝发展"；（三）"在这个模范图书馆内设一个图书馆专门学校，除教授现代图书馆学外，尤注重于'中国的图书馆学'之建设"；（四）与私人藏书楼不同，这个图书馆"提倡不收费"，"许借书出外"；（五）"另筹基金，编纂类书"，在此次会上，中华图书馆协会举行董事会第一次会议，公选梁启超为董事长。

1925年，梁启超兼任国立京师图书馆（馆址在方家胡同）馆长和北京图书馆（馆址在北海庆霄楼）馆长，至1927年6月卸任，秉馆长职一年有余。

从1925年起到1929年梁启超病逝前，梁启超为中国图书馆事业做了大量实际工作，其中重点还在于"建设中国图书馆学"和"培养管理图书馆人才"两件事项上。1925年12月20日，梁启超在至副馆长李四光、图书部长袁同礼的信中说："购书事日本方面不可忽略……最要者为几种专门杂志，最好能自第一号搜起，购一全份，例如《史学杂志》《史林》《支那学》《佛教研究》《宗教研究》《佛教学杂志》《东洋学艺》《外交时报》等期刊。"1926年4月14日，梁启超在致张元济的信中说："闻东方

梁启超纪念馆由梁启超故居和"饮冰室"书斋组成

图书馆购取孟苹蒋氏密韵楼之藏，神往无已。……其中倘有副本，而可以见让者，愿为北京图书馆求分一脔，则南北学者，胥渥嘉惠，宁非盛事。"

在争取图书馆办公和购书经费方面，更让梁启超费尽精力。1926年7月5日，梁启超致信李四光、袁同礼："颇闻日人之东方文化会眈眈于方家旧籍，吾馆似不能不乘此时急起直追……"在致任志清等人信中又云："馆中国宝甚多，仆尸馆长之名，而未举其实，万一有疏虞，责将谁卸？半年以来为兹事寝不安席。"1926年10月15日，梁启超又致张东荪信云："此馆诚为美庚款所办，但款极有限，开办费仅100万元，建筑及购书在内（现所划建筑费仅60万元，实不成门面，余35万供购书费），无法敷分配，每月经常费仅三千耳。"梁启超甚至在不得

《饮冰室全集》（梁启超著）

已之中，将自己十余年来在永年保险公司所买保险单向北京通易信托公司押款，用以支撑经费周转，半年之间，共垫出9750个银元。

1927年，梁启超因身体状况，辞去馆长职务。1929年1月19日，梁启超病逝于北京协和医院。1930年2月24日，梁启超后人梁思成、梁思永、梁思忠尊梁启超遗嘱，委托天津律师黄宗法致函"国立北平图书馆"（今中国国家图书馆前身），就寄存梁启超图书事声明如下：

敬启者：

关于梁任公先生口头遗嘱愿将生平所藏书籍借与贵图书馆一事，前荷惠寄《善本阅览室规则》《普通阅览室规则》暨《收受寄存图书简章》各一份，比即抄送任公先生之继承人。兹受该继承人等之委托，正式函达贵图书馆，对于前述章则表示同意，并按贵馆《收受寄存图书简章》第十条内开各项声明如下：

（一）藏书人之姓氏为梁启超，广东新会人。其代表人为该氏之连续继承人所组织之梁氏亲属会，住所在天津义租界西马路二十五号；

（二）关于寄存图书之卷数，拟俟点交接受时确定之；

《饮冰室合集》（梁启超著）

（三）永远寄存，以供众览；

（四）关于公开阅览及出贷之办法，悉愿遵照前述各项章则办理，但上述之梁氏亲属会对于寄存书籍，愿保留自行借用之优先权利，并愿遵守一切有关之规则。

以上所开各节，即请查照见覆，如荷赞许，并希克日派员来津点收，至纫公谊。

此致

国立北平图书馆

律师黄宗法（铃印）敬启民国十九年二月

廿四日

　　国立北平图书馆收到来函以后，当即派采访部兼阅览部馆员爨汝僖、编纂部馆员梁启超族侄梁廷灿、金石部馆员范腾端、编纂部馆员杨维新等4人赴天津点收饮冰室全部藏书：共2831种，约41474册；新书109种，计145册；日文书433册；石刻碑帖500余种，计1400多件。此外，尚有一批墨迹、未刊稿及私人信札。这批书稿主要是梁启超饮冰室所藏书籍。

　　新中国成立之后，中国国家图书馆筹建手稿专藏文库，大批名家手稿入藏其馆。1954年3月，馆方派冯宝琳与梁氏亲属取得联系，得到梁令娴（思顺）、梁思成及其梁氏家属支持，慨然捐赠全部手稿。

　　梁启超长女梁令娴女士致中国国家图书馆的赠书函如下：

　　　　一九五四年三月十日来信收到，当时因舍弟思永病危，不幸逝世之后，又办丧事，所以许久没有回信，抱歉得很。

　　　　先父手迹，得贵馆负责保存，十分欣兴。文稿三大箱在西单手帕胡同甲三十三号梁宅，请于下星期一日致四月十九日上午前往搬取。

117

我处有目录一份，其他墨迹也愿一并奉赠，请派人来取。

专此布覆，并致

敬礼！

梁令娴启一九五四年四月十六日

这批著作手稿包括了收入在梁启超《饮冰室合集》中的全部文稿，也包括相当一批未入《合集》的稿件。如今，梁启超先生的手稿正妥善珍藏在中国国家图书馆善本名家手稿文库中。

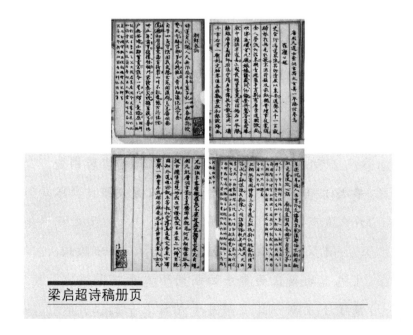

梁启超诗稿册页

珠江东去写春秋

献身甘作万矢的，著论求为百世师。

誓起民权移旧俗，更研哲理牖新知。

十年以后当思我，举世犹狂欲语谁？

世界无穷愿无尽，海天寥廓立多时。

这是清末民初大学者梁启超1902写的一首《自励》诗，虽然他原意是抒发自己的抱负，但我却认为活灵活现了他的文章、风格、成就和影响，同时也表现了在他身上所具有的珠江文化的特质、素养、风度和气度。因为在这首诗里所体现的敢为天下先的开拓精神、不怕受非议的献身和自主精神、爱国爱民的民族大众精神、追求真理认真治学的务实精神、海纳百川的世界海洋文化精神，既是梁启超的人品和文品之凝现，也是珠江文化主要特质之体现。

　　梁启超，虽然只有56岁寿命，但却留下了一笔数量极其宏大、质量极其珍贵的文化财富，其光芒不仅照耀着他的年代，而且至今、以至以后仍在放射光芒。他从1891年（19岁）在广州万木草堂师从康有为、并从事新学及变法维新思想传播开始，直到1929年1月19月在北京逝世。近40年，他一直主要从事政治活动，是19世纪末至20世纪一二十年代中国政坛的一位风云人物，在这期间的重大政治事件中都有他的影响，他在进行政治活动的同时，始终坚持文化学术活动，他大都是以办报的方式进行政治活动与文化学术活动的，所以，他的文章大都首先发表在他先后所办的《时务报》《清议报》《时报》《新民丛报》等报刊上，随后才结集出版，有部分专

梁启超

著是完稿即单独出版的。1902年广智书局出版《饮冰室文集》18册（何天柱编），1916年中华书局出版《饮冰室全集》48册，1926年中华书局又版《饮冰室文集80卷》，1936年上海中华书局出版《饮冰室合集》40册，1989年北京中华书局重版12册，此外尚有其他未收入文集的文稿，总数达千万字以上，堪称著作等身的文化学术泰斗、中国近现代文化的一代宗师。从珠江文化的层面上而言，梁启超的成就和风范，也足可尊其为近现代珠江文化文圣。为什么呢？

梁启超从出生到22岁（1894年，即清光绪二十年，甲午战争爆发），一直生活、读书、讲学在新会、广州、东莞之间，是珠江水哺育成长的岭南人。1895年他入京会试与康有为发起著名的"公车上书"之后，直到他去世，都甚少回广东，但他所从事的政治活动与文化学术活动，无不具有并体现珠江文化的精神和特质的。

自"公车上书"到戊戌变法的4年期间，他协助康有为以"变法图强"为号召，以创办《中外纪闻》和强学会进行维新活动，后又办《时务报》及著《西学书目表》、创办大同译书局而大量宣介西方现代文化著作，以锐不可当的青春气势，热烈奔放地体现了敢为天下先和睁眼看世界的珠江文化精神。

戊戌变法失败后，他流亡日本，赴美游历，后辗转

于檀香山、新加坡、澳洲、美洲、加拿大、日本之间活动，先后创办《清议报》《新民丛报》《时报》《新小说》杂志等报刊进行政治宣传及倡导文化学术革命，包括：以《新民说》倡导国民性革命、以《新史学》倡导史界和学术界革命、以《新小说》倡导小说界革命，以《新体诗》倡导诗界革命等等，并撰有：《论中国学术思想变迁之大势》《国史稿》《王荆公》《管子传》等专著。这十多年，是梁启超沦落天涯、饱经沧桑的时期，也是他风华正茂、建树良多的成熟时期。在这时期中，他既以在自身的海外生涯而汲取了大量的海洋文化养分而丰富了自己本有的珠江文化素质，同时也以这样的素质而在从事政治与文化学术活动中，充分发挥了珠江文化的开创性、开放性、开拓性、务实性的精神与作用。

梁启超的一生，在文化学术上的成就和贡献是巨大的，是堪称大师和泰斗的，从其一生在政治生涯与文化学术上所体现的精神和特质上看，是堪称近现代珠江文化的文圣的，从他的人品风范上看也是如此。

从气节上看，梁启超在辛亥革命后，一度支持袁世凯，任其司法总长，但在袁世凯企图称帝时，他则公开决裂，用一夜时间写出著名的万字文《异哉！所谓国体问题者》，鲜明反对帝制，声言"就令全国四万万人中三万万九千九百九十九人赞成，而梁某一人断不能赞成也"。在付印前，袁世凯既以威胁手段、又以20万元贿赂求他勿发表此文，梁启超毫不动心，断然拒绝，并即着手策划反袁运动，功成之后，有高位而不就，退身校园潜心学术。梁启超这种迷途知还、不畏威胁利诱、志在正义、淡泊名利的气节，正是珠江文化敏感性、正义性特质和精神的典型写照。

从气度上看，自戊戌政变之后，齐名的康梁，在一系列政治和学术问题上都逐步发生越来越大的分歧，开始是康有为要"当言开民智，不当言民权"，而梁启超则是"誓以民权移旧俗"；康有为主张"尊孔保教"，而梁启超则认与"保教非所以尊孔"；面对与自己恩师的分歧

梁启超用过的钟形端砚

和压力，梁启超感慨而言："我爱我师，我尤爱真理"，"吾爱孔子，吾尤爱真理；吾爱先辈，吾尤爱国家；吾爱故人，吾尤爱自由。"虽然分歧日大，但仍保持师生关系，自民国后对立更鲜明了，1917年康有为支持张勋复辟，梁启超公开讨伐，也由此公开决裂。但后来当康有为在青岛家中病故时，家境萧条，连棺材也买不起，梁启超即电汇捐出数百元，又代另一康门弟子捐出一百元办丧事，并在公祭仪式上宣读祭文，对康有为的历史作用与功绩作出公正的、极高的评价。康门弟子也都称他"古道照人，正气犹存"，感佩他的高尚人格。

从风度上看，梁启超与孙中山政见不同，所走道路有异，彼此有过合作，但相互争论甚多，这是举世皆知的事。但当孙中山于1925年在北平逝世时，梁启超出人意料亲往吊唁，受到在场人的奚落，他也不予计较，从容施礼，极表哀思，并于致祭后，与他人入室谈话时，得知孙中山弥留之际，仍以英语、粤语、普通话呼喊"和平""奋斗""救中国"的情景时，感叹而言："此足抵一部著作，足贻全国人民以极深的印象也。"

1926年，著名诗人徐志摩与陆小曼结婚，请梁启超做证婚人，而他在婚礼上所说的却是批评的话："徐志摩，你这个人性情浮躁，所以在学问方面没有成就，你这个人用情不专，以至离婚再聚……以后务要痛改前非，重新做人。"以这样一番骂话证婚，引起全场震惊，成了一段文坛佳话。后来著名作家梁实秋说："只有梁任公先生可以这样骂他，也只有徐志摩这样一个学生梁任公先生才肯骂，这真是别开生面的一场证婚。"后来，徐志摩在给国外友人写信时谈到梁启超，也深情地说："在他身上，我们不但看到一个完美学者的形象，而且也知道他是唯一无愧于中国文明伟大传统的人。"梁启超这种明有歧异而虚怀若谷的气度，不正是珠江文化海纳百川的包容性、兼容性的生动写照么？

从感情上看，梁启超是一位重感情、讲义气的人，他赤心爱国、爱民族、爱国民，也爱家人、爱学生、爱朋友、爱家乡。他与夫人李蕙仙虽是旧式婚姻，但患难与共，感情弥笃。他对所有子女都恩爱有加，精心教育而又鼓励自主、自立，所以均成栋梁之材。他对学生和后辈均严爱并重，全力扶持。陈寅恪是他在维新运动时的好友陈宝箴之孙子，本是他的孙辈，但在清华园建国学研究院时，他除自己和王国维、赵元任外，还推荐陈寅恪为四大导师之一，校长以陈无学位、无论著拒请，梁则称："我梁某也是没有学位的人，著作虽称'等 身'，但总共还不如陈先生寥寥数百字有价值，"扶持后辈之情，溢于言表。他的学生如梁实秋、容庚、徐中舒、王力、高亨、刘节、陆侃如、杨鸿烈、谢国桢等人，多

"国学研究院"之赵元任、梁启超、王国维、陈寅恪、吴宓。

是学术上的名家，在读书时都受其言传身教，而且也大都经他安排兼职做事，以微薄收入资助学习，由此也可见他爱生之情。特别值得称道的是他的故乡情结，他自"公车上书"之后，长期活动在国外和京沪等地，少回故乡广东，但他的乡情始终未断过：仅从文学活动上看，他在倡导诗界革命时，特地推介广东地方艺术《新粤讴》；在倡导新戏剧时，又亲自创作《班定远传奇》等新粤剧；辛亥革命后，他自日本归来，在京津到处发表演说，追忆为革命捐躯、与国牺牲的先烈，热情肯定先行

者的贡献，其中在西草厂广东公会召开的广东同乡欢迎
会上，他也热情肯定了广东对中国历史的贡献，认为
"广东之在中国，其地恰如欧洲古代之腓尼基，中世之有
南意大利市府也"，"实为传播思想之一枢要"。这些做法
和说法，不仅是他的乡情所致，更重要的是肯定和发挥
文化和思想上的先进作用，尤其是引进西方文化和思想
的中枢作用，换句话说，也就是肯定和发挥珠江文化。

梁启超塑像

中华爱国人物故事
ZHONGHUA AIGUO RENWU GUSHI